ŒUVRES COMPLÈTES

DE

J. AUTRAN

DE L'ACADÉMIE FRANÇAISE

I

LES POËMES DE LA MER

MICHEL LÉVY FRÈRES, ÉDITEURS.

ŒUVRES COMPLÈTES

DE

J. AUTRAN

DE L'ACADÉMIE FRANÇAISE

Sept forts volumes in-8°.

Chaque volume forme un ouvrage à part et se vend séparément.

ŒUVRES COMPLÈTES

DE

J. AUTRAN

DE L'ACADÉMIE FRANÇAISE

I

LES

POËMES DE LA MER

PARIS

MICHEL LÉVY FRÈRES, ÉDITEURS

3, RUE AUBER, 3, PLACE DE L'OPÉRA

LIBRAIRIE NOUVELLE

BOULEVARD DES ITALIENS, 15, AU COIN DE LA RUE DE GRAMMONT

1875

AVANT-PROPOS

L'édition générale de mes œuvres, que je présente au public, devait paraître pendant l'automne de l'année 1870. J'avais compté sans les malheurs qui étaient à la veille de fondre sur notre pays.

Aujourd'hui, le cœur désolé par le spectacle de tant de maux, je me demande comment j'ai le courage de revenir à mon travail et de chercher à ressaisir mes propres épaves dans le commun naufrage. Il le faut cependant : il est du devoir de chacun de reprendre son labeur, de concourir dans la mesure de ses forces à l'œuvre de réparation qui nous est imposée à tous. Quand l'orage s'apaise, les abeilles reviennent à la ruche, et plus elle a souffert, plus elles s'appliquent à réparer ses brèches.

Je viens donc maintenant offrir aux lecteurs amis l'ensemble de mes œuvres, ce qu'il est peut-être permis d'appeler le monument d'une vie, car les monuments sont de toute sorte : il y a la pyramide superbe, il y a le simple autel de gazon.

Mes divers travaux, augmentés d'un nombre considérable de pages inédites, viennent prendre ici la place que leur assignaient l'analogie et la conformité des sujets, de telle sorte que chaque volume forme une œuvre isolée qui a son ensemble et son unité.

J'ai mis également l'occasion à profit pour revoir avec un soin attentif ces différentes productions, et pour en élaguer, s'il était possible, tout ce qu'un travail souvent trop hâtif y avait laissé de négligences et d'incorrections.

L'improvisation, il faut le dire, a été le fléau littéraire de ce temps. Grands ou petits ont suivi plus ou moins ce courant funeste, et ma nature méridionale ne m'y a que trop poussé moi-même. Combien de fois, je le confesse, n'ai-je pas saisi la pensée au vol, écrivant dans une matinée ce qui eût demandé à être longtemps mûri et médité! De là des regrets, de là des repentirs. Que ne donnerait-on pas pour reprendre à la publicité ces pages rapides qu'on lui a prématurément abandonnées!

Il ne reste alors que la ressource des remaniements et des retouches dans une édition nouvelle qui transforme l'ébauche en œuvre définitive. Cette tâche difficile, je l'ai faite avec tout le soin du vanneur, qui s'applique à séparer le froment de l'ivraie. Hélas! il reste toujours trop de ce malheureux grain!

Il est vrai que cette méthode n'est pas celle de tous. D'autres ont pour système de ne jamais revenir sur l'œuvre une fois mise au jour. Heureux les écrivains qui de prime abord atteignent ainsi à la perfection! Moi qui n'ai pas cette fortune, moi que tourmente sans cesse la passion ou la maladie de l'idéal, je reviens sur mon œuvre ancienne, je la reprends, je la refonds; je donnerais vingt arpents de terre pour modifier dans un sens heureux quatre vers d'un poëme qui ne sera peut-être jamais lu. Est-ce une marque de faiblesse? Je m'en console en me disant que nos maîtres anciens nous en ont donné le premier et glorieux exemple.

C'est donc une œuvre entièrement trans-
formée et renouvelée que je viens aujour-
d'hui présenter au public. Puisse-t-il
l'accueillir avec la sympathie qu'il ne
m'a jamais refusée et y voir du moins un
témoignage du prix que j'attache à la durée
de sa bienveillance.

J. A.

Avril 1872.

DISCOURS

DE

RÉCEPTION A L'ACADÉMIE FRANÇAISE

PRONONCÉ LE 8 AVRIL 1869.

DISCOURS

DE

RÉCEPTION A L'ACADÉMIE FRANÇAISE

M. J. Autran, ayant été élu par l'Académie française, en remplacement de M. Ponsard, est venu prendre séance le 8 avril 1869, et a prononcé le discours suivant :

MESSIEURS,

Ne vous étonnez pas si ma première parole, en arrivant au milieu de vous, est une parole de tristesse, et si ma douleur parle avant ma reconnaissance. J'arrive au lendemain d'un des plus grands deuils de la poésie moderne ; je pénètre dans le temple au moment où vient d'en sortir ce chantre immortel qui fut l'enchanteur de tout un siècle [1]. Et ce n'est pas seulement le prince des

---

1. M. de Lamartine.

poëtes dont mes yeux cherchent la place vide, ce n'est pas seulement l'historien, l'orateur, le citoyen, dont je déplore avec vous la perte ; c'est aussi, — pardonnez à l'égoïsme des regrets, — c'est le glorieux patron de ma jeunesse, l'illustre ami de ma vie entière. Pourrais-je ne pas me souvenir que ses encouragements m'ouvrirent la carrière ; que je lui dus, peut-être, de poursuivre des travaux qui reçoivent aujourd'hui la plus haute des récompenses ? Vous comprendrez que j'aie eu à cœur d'honorer cette grande mémoire avant même de rendre hommage à l'éminent écrivain que votre bienveillance m'appelle à remplacer.

Celui-là, messieurs, ne s'est pas endormi plein de jours ; ouvrier laborieux, il était encore à sa tâche, il y était dans toute la brillante maturité de l'âge, dans tout l'éclat d'un talent pur, honnête et vigoureux, quand la mort est venue le surprendre. Elle l'a frappé, on peut le dire, en pleine séve, en pleine gloire ; et telle a été la rude épreuve infligée à ce cœur vaillant, que désormais, quand on prononce le nom de François Ponsard, l'admiration elle-même ne s'éveille qu'après l'attendrissement. Ainsi procède la destinée : habile à composer la tragédie humaine, elle termine par la souffrance ce qu'elle a commencé par la joie et par l'ovation.

Qui ne se souvient de ces heureux débuts? Jamais poëte ne trouva les abords de la carrière mieux préparés et plus faciles. Jamais le dur sentier qui mène à la gloire ne fut mieux aplani sous les pas d'un nouveau venu. On eût dit qu'une fée bienfaisante avait jeté sur son berceau un des dons les plus précieux de ce monde, cette fortune des poëtes comme des capitaines, le don d'arriver à propos. Quand il apparut, c'était son heure; la foule, ramenée aux anciens modèles par une tragédienne inspirée, commençait à se détacher de la poésie aventureuse et sans frein, du drame turbulent et audacieux. Un idéal qui ressemblait à un regret reparaissait à l'horizon. On appelait celui qui s'en ferait l'interprète, on l'attendait, on le pressentait. Survenir à ce moment-là, n'est-ce pas toujours, et sur tous les théâtres, le premier gage du succès?

A Dieu ne plaise, messieurs, que je parle avec indifférence du mouvement littéraire qui s'était produit avec tant d'éclat sous la Restauration, et se continua sous le gouvernement de Juillet. Mes premières paroles ont témoigné que je n'oublie pas ce que furent pour nous les maîtres illustres dont l'heureuse témérité ouvrit des voies nouvelles à l'imagination, releva le niveau des esprits, et infusa comme un sang nouveau dans la langue elle-même. Ce n'est pas dans cette enceinte qu'il serait possible de l'oublier : plusieurs d'entre eux sont ici présents ; et, s'il en est un qui manque sur ces bancs, il est de ceux dont la gloire n'est jamais absente! Méconnaître ce que l'œuvre de ces hommes eut de généreux et de fécond ne serait pas seulement de l'injustice, ce serait de l'ingratitude. Quiconque date de cette époque a reçu d'elle quelques-uns de ses dons ; son influence s'est fait sentir à ceux-là mêmes qui la combattaient, et, à défaut d'autres bienfaits, nous lui devrions des souvenirs qui se confondent pour nous avec l'image même de la jeunesse.

C'est particulièrement au théâtre que se portait l'esprit de hardiesse et d'innovation. Secouant de vieilles entraves dont il ne voulait reconnaître ni la légitimité ni l'utilité, il s'inspirait du libre génie de l'Angleterre et de l'Allemagne, il s'inspirait surtout de sa propre audace, et la scène lui dut quelques-unes de ces créations dont la puissante originalité passionne la foule. L'écho répète encore, de temps en temps, les applaudissements de ces soirées qui ressemblaient à des combats et dont les noms sont restés comme des noms de victoire.

Ces triomphes cependant devaient avoir un lendemain. Les marches forcées ne se font pas sans lassitude. Le goût public a ses variations ; il regrette souvent ce qu'il a quitté. Il en vint à se demander si cet art superbe et régulier qui fut pendant deux siècles l'orgueil et la fête de notre théâtre était vraiment à jamais perdu. Ne devait-on plus le revoir dans sa sévère majesté ? Fallait-il compter le fronton de son temple parmi les ruines du passé ?

Ce fut vers ce moment qu'un bruit inattendu circula dans Paris : la tragédie n'était point morte, elle n'était qu'endormie. Un jeune homme, un inconnu, un enfant de la province l'avait retrouvée respirant encore dans sa tombe, et Mélpomène, grâce à lui, devait reparaître au premier soir dans sa beauté rajeunie. La bonne nouvelle avait pour messager un ami du poëte, un précurseur dévoué qui le devançait à Paris, et qui allait par la ville prophétisant sa gloire.

Ce précurseur, messieurs, permettez-moi de le nommer devant vous : il s'appelait Charles Reynaud. Poëte lui-même, — moissonné dans sa fleur, — quelques-uns de ses vers sont restés dans la mémoire de cette aimable postérité qui se compose d'un groupe d'amis fidèles. Un jour qu'il se promenait aux bords du Rhône, il avait rencontré Ponsard, qui, assis sur la rive du fleuve, se récitait à lui-même une tirade de sa *Lucrèce* à peine

achevée. Une de ces brusques sympathies qui sont comme
les coups de foudre de l'amitié avait soudain confondu
ces jeunes cœurs. Heureux âge que celui où un passant
devient subitement un ami, à qui on lit sa tragédie! Ponsard avait lu sa pièce, et, peu de jours après, Charles Reynaud commençait à Paris sa mission d'enthousiasme et
de dévouement. Pendant plus d'une année, il alla présentant partout *Lucrèce,* affirmant ses beautés, lui
frayant à tout prix les voies rebelles du théâtre. Cela
sortait de l'ordinaire, une ardeur si grande pour la cause
d'autrui! Le directeur de l'Odéon, chez qui l'errante
Lucrèce était enfin recueillie, en vint à soupçonner
quelque stratagème, à se demander si cet admirateur si
empressé ne serait pas le poëte en personne, s'abritant
sous un nom d'emprunt pour dire plus librement ce qu'il
pensait de son œuvre. La pièce entrait en répétition :
« Ce pseudonyme de Ponsard, lui dit-il un soir, y tenez-
vous toujours beaucoup? »

Le véritable auteur ne pouvait tarder plus longtemps
à se montrer. On vit alors arriver de sa province un jeune
homme simple et cordial, réservé dans ses paroles, timide
dans son maintien, gardant un peu de cette rusticité vir-
gilienne qu'il semblait tenir de son commerce avec les
citoyens de l'ancienne Rome. Il n'avait, lui, rien de l'as-

surance de son précurseur. Telle était, au contraire, sa modestie, qu'elle fit douter de son talent. Hélas! disons-le tout bas, la modestie a ses dangers; et c'est par prudence, il faut le croire, que les habiles s'en débarrassent. — Le doute, une fois en chemin, ne s'arrêta plus. Que pouvait être cette tragédie dont quelques-uns faisaient d'avance tant de bruit? Probablement une œuvre mal venue, ébauchée en rhétorique sur les bancs du collége. Car, vous le savez, messieurs, en ce temps-là, tout écolier faisait sa tragédie, qui son *Coriolan*, qui son *Régulus*. Ce titre seul de *Lucrèce* indiquait suffisamment la source.

Les méfiances persistèrent jusqu'au dernier instant. Mais le jour vint enfin qui devait résoudre la question. Une foule impatiente assiégeait le théâtre de l'Odéon. La toile se leva, les premiers vers furent dits, et, dès lors, aucun doute n'était plus permis. C'était bien une vraie muse qui parlait sur la scène, c'était la voix de la muse antique dont on croyait entendre un écho.

> Lève-toi, Laodice, et va puiser dans l'urne
> L'huile qui doit brûler dans la lampe nocturne.
> Les heures du repos viendront un peu plus tard :
> La nuit n'a pas encor fourni son premier quart ;
> Et je veux achever de filer cette laine,
> Avant d'éteindre enfin la lampe deux fois pleine.

A cette mélopée, à cette première scène où Lucrèce exprime en si beaux vers les purs sentiments de son cœur, l'auditoire tout entier se sentit gagné. Un double charme agissait sur lui : l'antiquité du sujet et la jeunesse du talent. Il goûtait cette vieille histoire, il aimait cette poésie nouvelle, cette poésie à la fois héroïque et familière qui ne lui rappelait ni la tragédie solennelle et pompeuse du grand siècle, ni la tragédie routinière et sans couleur des poëtes de l'Empire. L'inexpérience elle-même ajoutait son attrait à cet heureux poëme. L'inexpérience réussit quelquefois au théâtre mieux que l'habileté. Chez celui qui débute, elle a un air qui ne déplaît pas, on l'appelle candeur, et l'on attend d'autres occasions pour lui donner un nom moins aimable. Un art consommé eût-il trouvé d'ailleurs rien de plus attachant que ce premier acte de *Lucrèce?* Le théâtre a vu rarement une exposition plus belle et plus grande dans sa simplicité. Elle nous transporte au foyer même de la maison romaine, alors que planait sur elle le rude génie des premiers âges. Voilà bien le gynécée, voilà les dieux protecteurs, voilà l'humble quenouille de la matrone. Quelle noble et touchante figure que celle de cette femme aux yeux baissés, assise au milieu de ses esclaves, et leur donnant l'exemple du travail et des vertus austères!

Comme elle est bien la digne épouse du mari absent, du soldat qui est allé combattre pour la grandeur de la cité naissante! Ses fuseaux à la main, chaste et laborieuse, on dirait le lis des champs filant lui-même sa tunique; on pense à la femme forte de Salomon, et l'on respire je ne sais quel parfum de cette religion domestique qui fut la mère du patriotisme romain. A une pareille figure il fallait un pendant digne d'elle: ce sera le personnage de Junius. Sur ces deux têtes repose et se partage tout l'intérêt du drame. A eux deux, Junius et Lucrèce, ils mènent l'action jusqu'à son terme, jusqu'à l'heure où la femme outragée lave l'involontaire souillure dans son propre sang, et où le futur consul, poussant un cri de révolte contre les rois, apparaît comme le génie libérateur de Rome!

L'impression fut profonde. Quiconque assistait à cette première représentation en a gardé le souvenir. Après tant de terribles inventions, tant de furieux coups d'épée, tant de drames tumultueux, empruntés aux sombres chroniques du moyen âge, l'auditoire rentrait dans la douce lumière, dans la belle harmonie des œuvres antiques. C'était une impression semblable à celle qu'éprouve le voyageur quand, au sortir d'un pays montagneux et tourmenté, où ne manquent ni les noirs

défilés ni les précipices, il débouche à l'improviste dans
une contrée avenante dont les sites réveillent en lui des
souvenirs du lieu natal. L'esprit français n'était plus dépaysé ; il retrouvait dans ce bel ouvrage quelques-unes
des qualités qui lui sont chères : la clarté, la mesure, la
modération, un langage plus ami de la *raison* que de la
fantaisie, de *nobles sentiments naturellement exprimés,*
une pureté de lignes qui ne se sacrifie point à la couleur,
enfin de vrais beaux vers, de ces vers pleins de sens et de
force qui disent quelque chose dans chaque hémistiche,
suivant le mot de Voltaire. — Le succès, dis-je, fut immense ; il était bien acquis ; et aujourd'hui encore, quand
il relit cette tragédie toute littéraire, le lecteur ému comprend et ratifie les applaudissements du premier soir. Le
temps a passé sur la pure statue de Lucrèce sans en ternir
le marbre ; il lui a été donné de vivre un quart de siècle
sans tomber de son piédestal ; et c'est là, messieurs, une
grande épreuve. *Vingt-cinq ans sont un gage, ce sont
les arrhes de l'avenir, c'est le matin de la postérité !*

Désormais le nom de Ponsard était un nom célèbre ;
le jour était venu d'écrire sa biographie. Ce fut à qui
recueillerait sur sa famille, sur sa jeunesse, sur ses commencements, le plus de ces détails dont l'importance se
mesure à la renommée du poëte. François Ponsard était

né le 1ᵉʳ juin 1814, à Vienne, en Dauphiné. Fils d'un
père avocat, il fut, comme Corneille, son maître, destiné
au barreau. Il convient peut-être de remarquer cette
circonstance ; car, plus tard, un des caractères de son
talent sera la gravité, la solidité du raisonnement, et
chez lui, comme chez l'immortel Normand, la tirade
aura quelquefois un ton de plaidoyer. Rien, du reste, ne
fit, dans son enfance, pressentir sa vocation poétique.
Cette muse ne fut pas de celles qui balbutient des rimes
dès le berceau. Le seul fait digne d'attention, dans ces
premières années de l'enfance, c'est l'intelligente solli-
citude dont l'entoure sa mère, douce et modeste femme
qui veille sur lui, qui le soutient, l'encourage dans ses
études, qui, peut-être, par un miracle de divination
maternelle, entrevoit seule son avenir, et pour laquelle
l'enfant devenu homme gardera toute sa vie un culte de
tendresse et de reconnaissance. On raconte que, chaque
soir, à la sortie du collége, l'écolier venait repasser ses
leçons sous les yeux de cette mère attentive, et que ces
répétitions avaient lieu dans une salle à manger, d'ameu-
blement sévère, où se voyait pour tout ornement une
vieille gravure représentant la mort de Lucrèce. L'élève
grandissant prit goût aux auteurs latins. Il lut de bonne
heure Tite-Live et Tacite. Il allait s'asseoir quelquefois

pour les mieux sentir, sur un de ces vieux débris d'architecture romaine qu'on retrouve sur les collines de Vienne. Heures de recueillement et de solitude, de la vie de province, vieux livres lus et relus dans quelque coin désert, on ne saura jamais tout ce que vous semez de germes féconds dans un jeune cerveau! La méditation, d'ailleurs, n'absorbait pas toute l'énergie de ce solitaire. Les vieux livres étaient souvent quittés pour le fusil de chasse. On venait de lire Virgile ou Horace, on se sentait pris d'un besoin de campagne, et l'on partait gaiement pour cette chère maison de Mont-Salomon qui s'élève sur la hauteur et domine les grands horizons de la vallée du Rhône. C'est là, ses études finies et sa toge d'avocat jetée au vent du fleuve, c'est là qu'il passa trois années à écrire *Lucrèce*. C'est de là qu'il partit pour venir assister à son triomphe.

François Ponsard, dès le début, est donc en pleine possession de sa renommée. C'était peu de le proclamer un vrai poëte, l'opinion voulut faire de lui un chef d'école : chef de l'école du bon sens. Je ne suis pas bien sûr que chez quelques-uns ce titre ne couvrît point une intention malicieuse ; car le poëte, comme tous ceux qui triomphent, avait déjà ses ennemis, et, dans l'école de la muse qui régnait alors, le bon sens n'était pas en très-bonne odeur. C'était la qualité solide, pour ne pas dire vulgaire, exclusive des dons plus brillants de l'imagination. Les amis, de leur côté, lui décernaient hautement le même titre ; les amis oubliaient peut-être que le bon sens, Dieu merci, n'était pas une nouveauté dans les lettres françaises, et que Racine et Boileau, Molière et la Fontaine auraient eu droit de réclamer. Si quelque chose prouve que M. Ponsard n'était pas indigne du titre, c'est qu'il le refusa. Il resta ce qu'il était, un homme simple et sans jactance ; porté subitement sur le faîte du temple, il n'y fut pris d'aucun vertige ; il jouit modestement de ce succès, aussi dangereux qu'éclatant, qui transformait son nom en drapeau de bataille, et l'élevait, au bruit des fanfares, en tête d'une réaction.

Ici, messieurs, se pose une question. Ce rôle, donné par la fortune, en avait-il eu le pressentiment et l'ambition ? S'était-il dit dans sa retraite : « Je relèverai l'autel des vieilles muses, et j'irai brandir ma fronde contre le Goliath romantique ? » Il est permis de n'en rien croire ; il ne faut pas étudier d'un œil bien attentif l'ensemble de son œuvre pour reconnaître que ce système littéraire, dont il devint le coryphée, ne fut jamais exclusivement le sien. Il tenait du romantisme plus qu'on ne l'a cru généralement. N'avait-il pas débuté par écrire une traduction du *Manfred* de lord Byron? Ce n'est pas impunément que l'on s'abreuve à pareille source. Il en garda toujours un arrière-goût à ses lèvres. Ce que la critique distingue avant tout chez lui, c'est un esprit sagement éclectique. Témoignant en cela de ce bon sens qu'on salue en lui, il emprunte à chaque doctrine ce qu'elle donne de meilleur. Il adore Racine, mais il n'a garde de négliger Shakspeare. Entre les deux puissances rivales, il semble rester indécis. Né au moment d'une révolution poétique, il n'apparaît pas en réactionnaire, il apparaît plutôt en modérateur. Le dirai-je? il joue le rôle d'un de ces girondins dont il nous a, d'un crayon sympathique, retracé la figure. La liberté sans les excès, telle serait sa devise.

Cet esprit d'éclectisme se révèle chez lui dès *Lucrèce*. Ils se payèrent d'une illusion ceux qui voulurent voir dans cet ouvrage tous les caractères de la tragédie conforme aux lois d'Aristote. A part le rôle de Valère, qui a un faux air de confident; à part le songe récité par Lucrèce, ce terrible songe qui semblait fait pour attacher à certaines tragédies une idée de sommeil, la pièce côtoie d'aussi près que possible le drame romantique. Ce n'est pas un poëte classique (je demande pardon d'exhumer ces mots surannés de classique et de romantique, les

sujets ont leurs exigences), ce n'est pas un auteur de la
vieille école qui eût osé mettre sur la scène cette figure
nouvelle et bizarre de Brutus, citoyen mêlé de bouffon,
qui cache ses grands desseins sous le masque de la sottise et s'interrompt à tout propos pour débiter des apo-
logues ou des sentences ambiguës. Un classique n'eût
pas davantage rapproché dans tout le tissu de la pièce
deux styles qui, depuis les Grecs, étaient restés constam-
ment séparés, le style tragique et le style comique. Par
ses familiarités charmantes, la langue de *Lucrèce* s'écarte
en maint endroit du langage consacré ; non loin de certains vers dont la grâce exquise émane d'André Chénier,
d'autres surviennent qui, dans leur franche et verte
allure, apportent un souvenir de comédie.

A *Lucrèce*, sujet classique dans un cadre à demi
romantique, succède *Agnès de Méranie,* sujet romantique
dans un cadre malheureusement trop classique. Ce fut
l'erreur du poëte ; il oublia qu'une page de notre histoire empruntée aux annales du moyen âge, — et quel
tableau plus magnifique ! — ne pouvait se développer
à l'aise que dans un large cadre. Le drame populaire
s'accommode mal des unités. Renfermé dans leur enceinte, il y tourne sur lui-même comme un lion dans sa
cage. Que n'eût pas été cet ouvrage, qui abonde, d'ail-

leurs, en beautés du premier ordre, et auquel toute justice n'a pas été rendue, si le poëte, en l'écrivant, n'eût pas senti peser sur lui sa précoce gloire de chef de l'école du bons sens? L'expérience, du moins, ne fut pas perdue. L'auteur ne devait pas tarder à en recueillir les fruits, le jour où il aurait la pensée de transporter sur la scène la tragique histoire de Charlotte Corday. A ce nom, messieurs, je m'incline et je salue une des œuvres les plus sévères et les plus fortes du théâtre contemporain.

Cette fois, le poëte marche en toute liberté, il se jette hardiment sur les pas de Shakspeare, il ose même dépasser les licences du maître; car, dans les drames les plus aventureux du poëte anglais, on distingue toujours un nœud, une intrigue, et à peine en retrouvons-nous quelque trace dans la pièce française. L'auteur s'est contenté de découper l'histoire de son héroïne et d'en présenter les scènes au spectateur dans leur ordre successif et naturel. Ce procédé fait passer sous nos yeux la réalité même; il amène sans effort les plus heureux contrastes; tout se rapproche et se mêle dans ce beau drame: le sourire et les larmes, la grâce et la terreur, le calme du foyer domestique et les fureurs de la rue, l'enthousiasme et la pitié, cette étrange pitié qui se détourne de la victime pour se porter tout entière sur l'assassin. Quelle

idylle charmante que la scène où Charlotte rencontre les
girondins égarés dans la campagne! la tragédie, aux
lisières d'un bois, marche un moment dans la rosée avant
de marcher dans le sang. Quelle scène puissante que
celle où les triumvirs de la Convention viennent, sur le
cœur saignant de la patrie, se disputer le pouvoir! Il
fallait, certes, un rare courage, il fallait cette confiance
ingénue qui semble ignorer les périls, pour aborder de
telles figures, « terribles à rencontrer même dans l'histoire, » comme l'a dit l'éminent écrivain que vous allez
bientôt entendre. L'auteur eut ce courage, et il écrivit
une scène dont le souvenir ne périra pas.

On a raconté que, le soir de la première représentation, un grand poëte, redescendant l'escalier de la Co-
médie-Française, exprimait tout haut son étonnement.
C'était l'auteur de *Rolla*. Avec un hochement de tête
qui semblait rétracter d'anciennes épigrammes : « Eh
bien, disait-il, avouons qu'un pareil langage ne s'était
plus entendu au théâtre depuis Corneille. » Quelle
louange, messieurs, et de quelle bouche! Le vers de
Corneille, c'est la grande épée des temps héroïques ; il
n'est donné qu'à une main robuste de la soulever.

Et ce n'est pas seulement la beauté des vers qu'il convient d'admirer dans le drame de *Charlotte Corday*,

c'est aussi, et surtout, l'intelligence d'une époque, le sens intime et profond de la couleur historique. De quelle plume, exacte autant que poétique, sont décrits ces temps et ces hommes ! Quand on a feuilleté les mémoires et les journaux de l'époque, quand on a lu ce livre des *Girondins* qui fut écrit sous la dictée d'une muse, quand on a médité sur les annales de la Révolution tracées par ces historiens illustres, enfants du même berceau, que j'appellerais aujourd'hui les gloires de ma Provence, s'il était permis de flatter la petite patrie au préjudice de la grande, on reconnaît que la poésie ne pouvait refléter l'histoire dans un plus fidèle miroir.

Il faut le dire, ce sentiment de la couleur des temps est un des traits qui distinguent le talent de François Ponsard. La critique l'avait remarqué dans *Lucrèce*, dont les Romains sont de vrais Romains de la première période ; elle l'avait retrouvé dans *Agnès de Méranie*, simple et loyale esquisse des temps chevaleresques, qui rappelle par moments la grâce de Joinville ; elle devait le revoir plus tard dans le drame du *Lion amoureux* où les mœurs du Directoire seront peintes dans leur triste nudité. L'auteur, dans la seule préface qu'il ait écrite, se rend à lui-même ce témoignage : « Avant de choisir une action, j'ai toujours choisi une époque, et me suis dé-

terminé à traiter un sujet plutôt pour tracer la physionomie d'un siècle que pour combiner une intrigue. »
Une fois pourtant, une seule fois, ce noble soin de la
couleur fut mal récompensé. Ce fut dans la tragédie
d'*Ulysse*. Avec cette touchante naïveté de l'artiste qui
croit ne rien risquer, pourvu que le beau soit reproduit,
l'auteur crut pouvoir transporter au théâtre un des
tableaux primitifs de l'*Odyssée*. L'épreuve était hardie :
mettre en scène un héros qui revient du siége de Troie,
transformé par vingt ans d'absence, une chaste épouse,
modèle de fidélité, qui fait et défait sa toile éternelle, un
groupe de prétendants avides, moins épris de sa beauté
que de ses métairies , des pâtres gardant un troupeau
dont le nom seul eût demandé jadis tant de périphrases,
c'était beaucoup tenter auprès du public parisien. Ce
public oublia de se dire que Platon appelait Homère le
plus dramatique des poëtes, et il courut à des spectacles
qui l'éloignaient moins des mœurs contemporaines.

Était-ce un revers ? Ce fut plutôt un trait de lumière.
Puisque Homère n'est plus de mode, pensa le poëte,
abandonnons Homère, passons d'un pôle à l'autre, laissons les héros antiques pour les bourgeois modernes. Or,
passer sans préparation de l'île d'Ithaque à la Chaussée
d'Antin, du palais d'Ulysse dans l'étude d'un notaire,

des prétendants de Pénélope aux créanciers de Georges, c'était encore, on en conviendra, une transition qui pouvait avoir ses écueils. L'auteur s'en tire à souhait ; il retrouve ici cette chance de l'à-propos qu'il semblait tenir de son étoile. Je dis mal : non, ce n'est pas l'à-propos, synonyme du hasard, qu'il faut voir en pareille occurrence ; c'est plutôt cette clairvoyante sagacité qui fait deviner et saisir l'occasion. Il arrive, cette fois, au moment où la soif de la richesse, où la fièvre de la spéculation se sont emparées de toutes les classes de la société française, quand les idées de devoir et d'honneur semblent passées au rang des vieilles superstitions, et il écrit l'*Honneur et l'Argent,* une comédie qui frappe juste. Peu s'en faut que la grande comédie ne soit retrouvée, l'œuvre difficile entre toutes, celle qui fait de l'étude d'un caractère sa tâche principale, qui remplit tout le tableau d'une figure largement dessinée, et n'en réserve que les marges pour les détails de l'action. A défaut de cette rare perle, nous avons du moins une franche peinture de nos mœurs, une leçon de haute moralité donnée à un temps qui n'en reçoit guère, une satire souvent spirituelle, parfois éloquente, dont la malice tempère la sévérité. Si l'auteur ne pénètre pas tout à fait dans le grand art, il est sur ses confins. Par une rencontre singulière, c'est au bon sens vulgaire qu'il en veut et s'en prend, lui, le poëte du bon sens ; il trace du personnage de M. Mercier une plaisante esquisse qui deviendrait aisément, avec quelques coups de pinceau de plus, une vraie figure de la famille de Chrysale. Le parterre rit de bon cœur quand le vieux Mercier se désole et s'accuse d'avoir si mal choisi son gendre.

> L'hypocrite qu'il est nous a tous attrapés.
> Il possédait si bien la langue des affaires,
> Était si positif, riait tant des chimères,
> Traitait la poésie avec tant de mépris,
> Que j'ai cru qu'il serait le meilleur des maris.

Avouons-le, ce sont là des traits de verve comique que l'on pouvait ne pas attendre d'un écrivain né dans la tragédie. On voit qu'il s'est souvenu du précepte :

Versibus exponi tragicis res comica non vult.

Oui, il suivait le conseil d'Horace ; mais je l'ai dit, messieurs, il profitait aussi des exemples de Shakspeare. Une preuve en est dans cette belle comédie de *l'Honneur et l'Argent*. Le sujet est à peu près celui de *Timon d'Athènes*. Un homme dans la fortune, entouré d'amis, fêté, adulé; la ruine survient, et ce même homme se voit abandonné de tous. Il est dans la pièce anglaise une

admirable scène, d'un sentiment tout philosophique, celle
où Timon, après son désastre, s'adresse à l'amitié de ceux
qui furent ses convives assidus, ses flatteurs empressés,
et ne reçoit d'eux pour toute assistance que d'hypocrites
condoléances ou des paroles évasives. Je ne redirai pas
avec quel bonheur M. Ponsard a enrichi notre théâtre de
cette scène magistrale. On rencontre également, dans ce
même *Timon d'Athènes,* un certain philosophe chagrin,
du nom d'Apemantus, qui s'en va disant à chacun son
fait et exhalant à chaque pas sa sagesse bourrue. Le
Rodolphe de M. Ponsard n'est peut-être pas sans parenté
avec ce rude censeur. S'il a aussi quelques traits de notre
immortel *Misanthrope,* faut-il s'en étonner? « Le *Misanthrope* est à recommencer tous les cinquante ans. » C'est
Diderot qui l'a dit.

Mais où M. Ponsard n'a pas eu de modèle, c'est dans
le personnage de Lucile. Elle est bien à lui, cette aimable
figure, et rien de plus séduisant que cette jeune fille,
type de franchise ingénue, de dévouement et de courage. Disons-le à cette occasion, ce fut un privilége du
talent de M. Ponsard de savoir peindre la nature fémi-
nine sous ses faces les plus diverses et les plus sympa-
thiques. Il connaissait le charme et la puissance de cet
éternel féminin dont parle Gœthe. Qui voudrait y regar-

der de près trouverait dans son œuvre toute une galerie
de femmes dessinées d'un trait distinct et toujours
heureux : les unes naïves et douces, les autres austères
et superbes, depuis la citoyenne de Rome jusqu'à la
jeune fille de Paris, depuis la princesse du moyen âge
jusqu'à la marquise du xviiie siècle, depuis Tullie jusqu'à
Lydie, depuis Charlotte Corday jusqu'à cette Camille de
la comédie de *la Bourse,* qui porte dans sa condition
villageoise toutes les fiertés et toutes les noblesses des
âmes bien nées. Ombres charmantes, figures variées,
toutes animées d'une étincelle de vie ! Quelques-unes
d'entre elles ne seraient pas indignes d'être admises dans
cette région idéale, que le génie a peuplée de ses créations, dans cet élysée de l'art où les filles de Sophocle
se mêlent aux filles de Molière, où Dorine rencontre
Antigone, où Monime donne la main à Desdémona.

Après *l'Honneur et l'Argent,* après ce succès éclatant
qui permettait au poëte de suspendre à son trophée le
masque de Thalie auprès du masque de Melpomène, il
se fait dans sa vie une lacune et un silence. Les amis s'en
inquiètent, ils se demandent les causes de cet apparent
oubli de soi-même. La fierté de son âme eut-elle ses
jours de défaillance ? Eut-il à gourmander ce cœur, ce

triste cœur, dont les poëtes ont parfois à se plaindre ?
Nous n'avons pas à le savoir. Ce que nous dirons seulement, c'est que ce cœur était toujours loyal et bon, c'est
que cette âme ne cessa point d'être inoffensive et douce,
que ce grave esprit ne sacrifia jamais à de vulgaires intérêts le culte de l'art sérieux, l'austère passion de l'idéal.
Éprouvait-il un revers, il ne s'en prenait ni aux acteurs,
ni au parterre, ni à la critique ; il se remettait au travail
avec la persévérance d'un esprit convaincu, que rien ne
détourne de sa voie et qui estime l'honneur sauf, pourvu
qu'il n'ait parlé qu'aux instincts élevés de la foule.
Avait-il obtenu un succès, il partait aussitôt, il avait
hâte de porter cette joie à sa mère, il courait lui offrir le
premier exemplaire de sa pièce imprimée ; il revenait à
sa chère maison rustique, à son humble Tibur de Mont-
Salomon ; il se retrouvait heureux au milieu des habitants de Vienne, le cœur ouvert à chacun, le sourire aux
lèvres, familier, généreux, favorable à tous. On raconte
les traits de cette bonté charmante. Il apprend un jour
qu'une troupe de comédiens nomades est arrivée à
Vienne et qu'elle s'apprête à y jouer *Agnès de Méranie*.
Aussitôt le voilà qui s'alarme pour la façon peut-être
hasardeuse dont son œuvre sera présentée à ses conci-
toyens. Il sent en même temps que son nom sur l'affiche

serait pour ces pauvres artistes une occasion de recette.
Que faire? Il court chercher le chef de la troupe : «Si je
vous donnais, dit-il, au lieu d'*Agnès de Méranie,* une pièce
inédite qui aurait pour le public un attrait de primeur? »
On juge si l'offre est acceptée. Ponsard écrit en quelques
heures un acte ingénieux, et tout de circonstance, qu'il
intitule *Molière à Vienne.* La pièce va aux nues, et,
quelques jours après, la troupe voyageuse se remet en
chemin, bénissant celui qui, en cela semblable à
Molière, se montrait secourable aux pauvres comédiens
errants.

Tel fut cet homme, tel était ce poëte, que l'esprit de
doute et de raillerie n'épargna pourtant ni au début ni à
la fin de sa carrière. Que n'a-t-on pas dit pour lui faire
expier une gloire dont il n'accablait personne ! Quelles
ombres n'a-t-on pas voulu voir dans la pure lumière de
son talent! Il n'avait, il est vrai, ni l'originalité saisissante, ni la grande invention. Mais est-il bien certain que
la muse n'ait plus rien à cueillir dans les sentiers connus?
Un penseur qui n'a jamais passé pour abuser des lieux
communs, M. Joubert, en a parlé un jour comme s'il
les aimait : « Ils sont, a-t-il dit, l'étoffe uniforme que,
toujours et partout, l'esprit humain a besoin de mettre
en œuvre quand il veut plaire. Il n'y a pas de musique

plus agréable que les variations des airs connus. »
Si le vers de Ponsard n'a pas, non plus, l'éclat sura-
bondant, le luxe d'images auxquels nous ont accou-
tumés nos maîtres contemporains, n'a-t-il pas, en
revanche, toutes les qualités d'une langue sobre et
sincère, ferme et nourrie de sens ? La Bruyère a dit un
mot qu'il est permis de rappeler aux partisans de la
couleur outrée : « Un style grave, sérieux, scrupuleux,
va fort loin. »

Il a dit encore : « Quand une lecture vous élève l'esprit et qu'elle vous inspire des sentiments nobles et
courageux, ne cherchez pas une autre règle pour
juger de l'ouvrage ; il est bon et fait de main d'ouvrier. »

On disait alors *ouvrier;* aujourd'hui, nous disons
maître.

Cependant, après des années de silence, on put croire
que la veine du poëte était réellement épuisée. Ses
propres amis désespéraient de le revoir au théâtre. La
muse, disait-on, trop négligée par lui, l'avait décidé-
ment abandonné. Non, messieurs, la muse ne lui avait
pas dit un éternel adieu. Elle reparut un jour sous les
traits d'une noble et vaillante jeune femme. Elle le prit
par la main, elle le réveilla de son sommeil, le conduisit

dans la retraite et lui rendit la confiance et l'inspiration. Ce fut au bord de l'Océan, sur la falaise normande, dans une maison qu'ouvrit à Ponsard un écrivain célèbre, dont l'amitié devait lui être hospitalière jusqu'au dernier soupir. Il vécut là, tout un hiver, de solitude et de recueillement. La mer battait le pied de la maison, le vent secouait la fenêtre, les nuages passaient et repassaient, et lui, qui jadis avait traduit *Manfred*, il retrouvait dans ce contact des éléments, il retrouvait surtout dans les douceurs paisibles du foyer sa séve et sa verdeur premières.

Malheureusement, la mort, presque en même temps que le bonheur, avait franchi le seuil. Déjà M. Ponsard portait en lui le germe d'un mal irrémédiable. Je passe sur ces images de la souffrance. Je n'en veux tirer qu'une leçon et un exemple. Je ne veux y voir que l'énergie d'une âme qui reste debout sous les défaillances du corps, et qui, suivant une belle expression, chante sur ses ruines. Si l'on nous racontait cette triste histoire de quelque poëte des temps anciens, elle nous serait suspecte d'allégorie; nous n'y verrions qu'une légende faite pour montrer le pouvoir de l'esprit sur la matière. Nous l'avons pourtant vu de nos yeux, ce douloureux spectacle; nous avons vu le poëte exhaler dans un soupir chacun de ses

derniers vers, et, par un tragique effort, retarder le
dénoûment de sa vie pour arriver à celui de son drame.
Et, chose qui tient du mystère, cette œuvre ainsi créée,
ce drame écrit sous les étreintes de la mort, sera précisément celui où se sentira le mieux la palpitation
de la vie, ce sera *le Lion amoureux*, dont les accents
feront courir sur la foule un frisson de terreur, de pitié
et d'admiration. La passion parle dans cette pièce,
l'amour, ce phénomène devenu si rare au théâtre !
Qui ne sentirait les larmes lui monter aux yeux, à ce
passage où le républicain Humbert, se croyant trahi par
la femme qu'il aime, laisse échapper le cri de son désespoir et de sa détresse !

> O Dieu ! moi qui l'aimais comme l'on n'aime pas !
> Trop ! mon honneur confus se l'avouait tout bas.
> J'ai, de ma conscience étouffant le reproche,
> Pour elle supporté l'étonnement de Hoche ;
> J'ai vu ceux dont je fus le constant compagnon
> Se déshabituer de prononcer mon nom ;
> Haines, cultes, travaux, génie, œuvre immortelle,
> Tout enfin, tout avait disparu devant elle.
> — Qu'est-ce que vous voulez que je fasse à présent ?
> Comment ranimerai-je un zèle agonisant ?
> Si vous voulez me rendre aux soins de la patrie,
> Rendez-moi donc l'ardeur que vous avez tarie,
> Rendez-moi mes élans, ma verve, mes courroux,
> Et le pouvoir d'aimer autre chose que vous !...

dans ces vers pathétiques une involontaire confidence du
poëte, une goutte de sang des anciennes blessures ? Il
mourait en les écrivant, le triomphe le ranima. D'une
main toute frémissante de la double fièvre du succès et
de l'agonie, il voulut écrire son drame de *Galilée,* et la
mort, qui sait être patiente quand elle est sûre de sa
proie, lui permit cette fois encore d'achever son œuvre.
Il manque, dira-t-on, à ce dernier poëme, plusieurs des
conditions de l'art dramatique ; il est vrai, ce n'est peut-
être pas une tragédie, mais c'est mieux que cela, c'est
un pressentiment, c'est une élévation de l'âme vers cet
infini peuplé de mondes étincelants, vers ces régions
lumineuses que la rêverie humaine n'a jamais cessé
d'interroger, et qui, dans les nuits d'insomnie, attireront
toujours la pensée des mourants.

Quelques semaines après, François Ponsard n'était
plus qu'un nom célèbre dans nos souvenirs et dans nos
regrets. Les lettres prenaient le deuil du noble poëte ;
le théâtre, le pays s'y associaient ; sa ville enfin, la cité
de Vienne, décernait les honneurs populaires à l'enfant
que lui ramenait un pieux cortége d'amis. Elles ont gardé
la tradition des funérailles civiques, ces villes romaines
de la contrée du Rhône. Peu d'années auparavant, la
ville de Nîmes suivait d'un deuil public un enfant de

son peuple, grand cœur et noble esprit, qui, lui aussi, rappela quelquefois l'accent de Corneille[1].

Et maintenant, messieurs, quel sera l'avenir de cet art éloquent qui s'était réveillé sous nos yeux, parmi tant d'applaudissements? Faut-il croire que la tragédie s'en est allée dans un étroit cercueil? Pouvons-nous penser que les couronnes déposées sur la tombe de François Ponsard seront les dernières qu'elle aura recueillies? Non, vous gardez une autre espérance. La tragédie — et, quand je parle d'elle, j'entends le grand art du théâtre sans distinction de formes — ne répond pas seulement à cet étrange besoin du cœur humain qui, non content de ses propres douleurs, veut encore qu'on lui donne en spectacle des infortunes imaginaires; elle a de particulières affinités avec le génie même de notre nation. La France a toujours aimé cette muse des grands combats du cœur, qui parle d'honneur et de vertu, de devoir et de sacrifice. Elle aime la tragédie comme elle aime la gloire et l'héroïsme; et, si ce sont là des passions qui s'endorment quelquefois chez elle, on sait du moins qu'elle peut toujours compter sur le réveil!

1. J. Reboul.

LES
POËMES DE LA MER

PRÉFACE

DES POËMES DE LA MER

— 1852 —

Le livre que voici remplace et annule une première ébauche que je publiai, en 1835, sous le titre : *la Mer*.

J'étais bien jeune alors. J'avais le bonheur d'appartenir à cet âge inexpérimenté où l'enfant prend pour autant d'inspirations les premières images confuses qui traversent son cerveau, et se hâte de les jeter dans le moule inachevé de ses vers. Sans soupçonner peut-être l'immensité de la tâche que j'entreprenais, et non moins candide dans mon espérance que cet autre enfant, dont parle saint Augustin, qui voulait étancher l'Océan en le puisant goutte à goutte dans une coquille du rivage, je m'étais promis de justifier autant que possible ce titre : *la Mer*, si ambitieux sous son apparente simplicité.

Je ne dirai point ce qu'était mon livre, obscur bégaye-
ment d'une pensée qui cherche à se comprendre elle-
même, ébauche informe et maladroite d'une plume qui
se prend à courir sur le papier avant d'être allée à la
rude école du style. Mais ce que je dirai, avec un sentiment de reconnaissance qui, depuis l'époque éloignée
dont je parle, n'a rien perdu de sa vivacité, c'est l'accueil
plein de généreuse indulgence que la critique et le
public firent à mon essai. On daigna fermer les yeux sur
les imperfections si nombreuses, sur les insuffisances si
évidentes d'une étude juvénile. On voulut bien ne voir
en elle que l'unique titre qui la recommandait : la nouveauté, sinon la témérité de la tentative. Oui, qu'il me
soit loisible de le reconnaître aujourd'hui, à un intervalle de quinze ans, à une de ces distances qui permet-
tent à l'écrivain d'apprécier le travail de son adolescence
avec l'impartialité d'un juge prononçant sur l'œuvre
d'autrui : ce livre, si indigent d'idées, si indécis d'allure,
avait pourtant un mérite, ou, pour mieux dire, un
bonheur. Sans trop s'en douter lui-même, il ouvrait une
voie, il indiquait une mine intacte. Sorti de la main d'un
écolier, il n'était que le vague pressentiment d'une
découverte; écrit par un homme de génie, il eût
été l'inauguration d'un genre, la prise de possession

d'un domaine jusque-là inconnu ou négligé de la muse.

Il est un fait qui sera pour moi l'objet d'un éternel étonnement, et qui, sans doute, frappera de la même surprise les esprits dont il n'a pas encore attiré l'attention : c'est que la Mer n'a jamais eu son poëte. Cela ressemble à un paradoxe ; cela n'est pourtant qu'une vérité invraisemblable.

La mer, chose singulière ! a fait naître toute une nombreuse école de peinture qui se glorifie de nommer les Backhuysen, les Cuyp, les Ruisdael, les Joseph Vernet et cent autres ; elle n'a donné le jour à aucune école poétique. La mer a eu, dans ces derniers temps, des romanciers, des chroniqueurs, écrivains d'un talent plus ou moins brillant ; elle n'a jamais produit, elle n'a jamais possédé son poëte, son chantre spécial, exclusif. Depuis soixante siècles que la muse se promène à travers le globe, cherchant partout un thème à ses inspirations, demandant de toutes parts des phénomènes à décrire, des merveilles à raconter, des travaux, des douleurs, des héroïsmes à célébrer, la mer n'a jamais obtenu d'elle qu'un regard fugitif, que de courtes et passagères admirations.

Ouvrez les poëtes des anciens jours, feuilletez ceux

des siècles nouveaux; à peine si les premiers donnent, par intervalles, une mention à cette mer qui leur apparaît sous les traits farouches ou riants d'un masque mythologique, et il est rare que les seconds, amenés par hasard sur le rivage, s'y arrêtent plus que quelques instants. Anciens et modernes chantent volontiers les vallons, les bois, les ruisseaux; ils s'appliquent avec toute sorte de complaisances à peindre, dans leur ensemble et dans leurs moindres détails, les mille scènes de la nature terrestre; mais autant ils manifestent pour elle d'amour et d'admiration, autant ils témoignent pour la nature maritime d'indifférence et d'éloignement. De telle sorte que la poésie, qui, par instinct, aime l'immensité, qui, en sa qualité d'esprit ailé, *musa ales,* demande le grand air et le libre espace, qui est une constante et ardente aspiration vers l'infini, néglige précisément, dans la création de Dieu, le vrai domaine de l'immensité, les seuls royaumes de l'air libre et de l'espace sans limite, la grande et véritable image de l'infini, la mer.

Faut-il achever de mettre en saillie cette singularité de l'histoire littéraire? Voici ce que nous dirons encore : Chacune des principales scènes de la nature terrestre a donné naissance à une poésie qui lui est propre, à une

forme de poëme qui lui est spéciale; le vallon a produit
l'Églogue, la prairie a produit l'Idylle; la campagne, dans
son ensemble, a produit les Géorgiques, les champs de
bataille ont produit l'Épopée; les forêts mystérieuses,
les ruines, les vieux châteaux, ont produit la Ballade;
les villes ont produit la Satire, l'Épître, l'Épigramme, le
Madrigal, la Chanson, etc.; les temples ont produit
l'Hymne et le Cantique; les palais ont produit le Drame;
les cimetières ont produit l'Élégie; les merveilles réunies
de la terre et du ciel ont produit l'Ode; l'ode, la forme
poétique par excellence, la plus sublime expression et
en même temps la plus naturelle de l'inspiration
humaine. La mer, la mer seule n'a pas formulé sa poésie
dans un type qui lui fût comme personnel, la mer seule
n'a pas créé son poëme. Je me trompe, elle a créé la
romance nautique, cette insipide et pâle romance chan-
tée, avec clapotage de piano, par de blonds nautoniers
en frac noir, par de décentes néréides à peine sorties du
couvent. Il y a bien encore la Barcarolle qui appartient
à la mer, comme son titre suffit pour l'indiquer, la barcarolle née, dit-on, dans les golfes italiens, de la libre
et naïve inspiration des matelots improvisateurs qui se
balancent sur leurs ondes. Expression familière et spon-
tanée du génie populaire, ce petit poëme aurait sans

doute droit à toute l'attention, à toute la curiosité sympathique des amis de la poésie, mais où trouve-t-on une
vraie barcarolle? Les bateliers napolitains chantent-ils
autre chose que quelques stances de l'épopée du Tasse,
celles, par parenthèse, qui célèbrent les douceurs de la
vie pastorale,

> Intanto Erminia infra l'ombrose piante...?

Quant aux gondoliers de Venise, s'il fallait en croire le
récit d'un de nos plus spirituels humoristes, les chants
qu'ils entonnent la nuit, aux étoiles, au milieu du silence
des lagunes, n'auraient rien de particulièrement maritime. Dans une page digne de Sterne, ne nous a-t-on pas
raconté qu'un jour un Parisien, friand de poésie locale,
fit quatre cents lieues uniquement pour aller recueillir
une barcarolle sur le flot adriatique, et que les premiers
vers qui lui arrivèrent sur la brise du Lido furent ceux-
ci :

> Grenadier que tu m'affliges,
> En m'apprenant ton départ!...

Ce que nous venons de dire des négligences de la
poésie à l'endroit de la mer, il faut le redire à l'égard
des hommes de la mer, des voyageurs, des travailleurs,

des héros et des martyrs de l'Océan. Ici l'étonnement redouble. S'il est, dans ce monde, une profession qui semble mériter les affections de la poésie, c'est bien celle de marin. Selon nous, il est ici-bas trois grands et magnifiques métiers auxquels sont dus les premiers honneurs de la muse : l'agriculture, la guerre, la navigation. Laboureurs, soldats et matelots, telles sont les trois primordiales divisions de la famille humaine, les trois plus considérables catégories de notre espèce laborieuse, souffrante et glorieuse. L'humanité réside là tout entière. Sortez de ce triple cercle, vous ne rencontrez plus que des types secondaires, que des figures exceptionnelles, que des personnifications plus ou moins brillantes, plus ou moins respectables, mais, à coup sûr, moins synthétiques, moins profondément et moins radicalement humaines. Or, qu'est-il advenu? La poésie, à son origine, a concentré ses prédilections sur les deux premières catégories, et la troisième lui est demeurée, dès lors, indifférente, sinon tout à fait inconnue. C'est-à-dire que la poésie a précisément oublié celle de ces professions qui réunit, en les grandissant, les fatigues, les périls, les luttes, les douleurs, les gloires des deux autres !

On me répondra, sans doute, que la mer occupe une

place dans les *épopées* antiques; on s'empressera de me citer les navigations du roi d'Ithaque dans l'*Odyssée*, les voyages maritimes des Troyens dans i'*Énéide*. Je sais, Dieu merci, admirer de toute mon âme les colossales œuvres du génie grec ou romain; mais, tout en admirant, j'observe que la mer n'y est jamais décrite qu'épisodiquement; je remarque qu'entre ces mille scènes, si variées, les *divins poëtes* n'ont guère reproduit que la tempête, son phénomène le plus brutal, la tempête devenue, après eux, une sorte de banalité classique, adhérente à l'épopée comme le songe à la tragédie; je considère enfin qu'aucun de leurs chefs-d'œuvre n'est spécialement consacré à la mer, qu'aucun glorieux poëme des temps anciens n'a un marin pour héros et pour drame une action nautique. Le plus grand fait maritime des temps fabuleux, l'expédition des Argonautes, a été, il est vrai, successivement célébré par trois poëtes : par un premier chantre inconnu qui usurpa le nom d'Orphée, comme tant d'autres; par Apollonius de Rhodes, poëte lourd et froid comme un grammairien, et enfin par Valérius Flaccus, servile, obscur et prétentieux imitateur du précédent; mais, je le demande, quelle trace ont laissée dans les littératures les œuvres de ces trois rapsodes?

A la rigueur, on comprend l'absence d'une poésie maritime chez les Latins. Ils n'étaient pas hommes de mer. La navigation ne jouait dans leur organisation sociale qu'un rôle assez secondaire. Ils savaient fort bien, par occurrence et par nécessité, gagner une bataille sur mer; ils attachaient un rare prix aux couronnes rostrales; ils ne furent cependant matelots que d'occasion et en second lieu. D'origine, d'instinct, de nature, ils étaient laboureurs et soldats. Mais cette lacune d'une poésie pélagienne, est-il aussi facile de l'expliquer chez les Grecs? Certes, s'il fut au monde un peuple essentiellement navigateur, ce fut le peuple grec; s'il existe un pays maritime, c'est la Grèce, la Grèce que la mer étreint, qu'elle découpe en mille golfes, en mille sinuosités de promontoires, d'isthmes et de détroits; la Grèce qui, par antipathie de la terre, semble s'en détacher et s'éparpiller au milieu des eaux, sous la forme d'une myriade d'îles et de rochers. D'où vient donc qu'un tel pays n'a pas donné le jour à une poésie maritime? d'où vient que dans le chœur sacré de ses vierges inspiratrices ne figure pas une muse navale? D'où vient qu'il a modulé des chants spéciaux pour les bergers, pour les soldats, pour les agriculteurs, pour les athlètes de l'hippodrome et du stade, et qu'il n'en a pas fait

un seul pour les laboureurs du sillon liquide, pour les
athlètes de la lice orageuse ? J'imagine, pourtant, qu'il y
aurait eu là de ravissants petits poëmes à écrire, de mer-
veilleuses chansons à consacrer aux scènes diverses de la
navigation, à l'inauguration des barques nouvelles, au
départ, à la tempête, au calme, au retour ; des hymnes
d'invocation aux divinités de l'Océan, des odes en souvenir des victoires navales, toute une poésie insulaire
aux rhythmes variés, aux différents dialectes, qui eût
retenti d'une Cyclade à l'autre, qui eût accompagné de
ses cadences le mouvement des manœuvres à bord des
trirèmes, que la mer des alcyons eût roulée à travers
l'archipel comme un mélodieux murmure articulé,
enfin, que nous recueillerions aujourd'hui encore comme
une des plus naturelles expressions du génie de cette
région mère, qui nous a donné le radieux modèle de
tout art et de toute poésie.

Laissons les temps anciens. Franchissons le moyen
âge, dans lequel nos recherches n'ont rien à voir. Arri-
vons aux beaux jours de la renaissance. Nous voici au
XVI⁰ siècle. La navigation européenne a pris partout
un essor immense. Les pavillons portugais, espagnol,
français, anglais, danois, hollandais, flottent sur toutes
les mers. Des aventuriers qui sont des géants, des

pilotes qui sont des héros, partent pour les régions du
mystère et en reviennent. Du septentrion au midi, du
ponant au levant, le vieux monde s'entretient, ébloui,
des grands exploits, des miraculeuses découvertes accom-
plies coup sur coup par les Titans de l'abîme. Partout on
prononce, partout on célèbre les noms de Jilianez, de
Barthélemy Diaz, de Vasco de Gama, de Christophe Colomb,
d'Ojeda, d'Alvarez Cabral, d'Améric Vespuce, de Nugnez
Balboa, de Fernand Cortez, de Pizarre, de Ponce de Léon,
d'Albuquerque, d'André Doria. Jean et Sébastien Cabot,
Magellan, Alvaro Mendana, Quiros, Maldonado, Walter
Raleigh, Francis Drake, Jacques Cartier, ce Christophe
Colomb de la France, sont l'objet des admirations, des
anxiétés, des espérances universelles. Les yeux de l'humanité entière sont tournés vers la mer. On se presse à tous
les rivages; on salue d'acclamations les voiles qui émer-
gent à l'horizon; on embrasse avec frémissement les
amis qui descendent des navires victorieux. On se
suspend en foule aux récits que font ceux qui ont déchiré
le rideau de l'inconnu, ceux qui ont passé et repassé les
flots immenses, ceux qui ont vu d'autres cieux, d'autres
hommes, d'autres arbres, d'autres oiseaux, d'autres
natures, ceux qui sont partis avec la seule espérance
et qui reviennent les mains pleines d'éblouissantes

richesses. Quel plus beau siècle dans les fastes de la
mer! En même temps quel siècle plus propice aux trans-
figurations du génie poétique! A ce moment-là, durant
cette époque de tous les hasards, de toutes les tenta-
tives, de toutes les audaces, quand l'art nautique et
l'art littéraire accomplissaient simultanément des progrès
gigantesques, le premier doté de la boussole depuis
deux siècles, le second devenu, depuis 1440, héritier
de l'invention de Gutenberg, comment se fait-il qu'aucun poëte ne se soit rencontré pour chanter l'épopée de
la mer, la grande odyssée transatlantique, pour incarner,
dans une personnification immortelle, le héros d'une de
ces expéditions prodigieuses qui préoccupaient, qui faisaient fermenter toutes les imaginations et tenaient le
vieil univers dans l'attente? Que l'on réfléchisse à ce
qu'aurait pu être un tel livre! une œuvre où la main du
génie eût réuni et confondu tant d'éléments encore
vierges, dans laquelle elle eût mis en scène l'Océan
révélé de la veille, avec tous ses spectacles, toutes ses
horreurs, toutes ses magnificences; l'art nautique avec
ses tâtonnements, ses transformations, ses témérités et
ses triomphes; la vie de l'homme sur les flots, avec tout
l'ensemble de ses épisodes et de ses vicissitudes nouvelles; l'abîme, en un mot, sous ses mille faces, et le

drame naval dans son plus grandiose et plus complet
développement ! Encore une fois, comment se fait-il que
nul poëte, à cette époque, n'ait entrepris une pareille
tâche ?

On me murmure le nom de Luis Camoëns. L'immortel
auteur des *Lusiades* a laissé, j'en conviens, une œuvre
digne à bien des titres d'une respectueuse attention.
Qu'il est loin, toutefois, d'avoir réalisé l'idéal qui nous
préoccupe ! Camoëns est une des principales victimes
du système d'imitation, de cet esprit d'asservissement
au génie ancien qui apparaît à la renaissance pour énerver
et décolorer tout ce qu'il touche dans les lettres. Est-il
besoin de redire, après cent autres, que l'épopée portu-
gaise n'est qu'un lointain et pâle reflet de l'*Énéide,*
qu'une contrefaçon hétérogène et bariolée, dans laquelle,
malgré la date historique de l'action, les divinités du
vieil Olympe occupent encore une grande place et viennent coudoyer les hôtes du Ciel chrétien, qui ne parais-
sent ni étonnés ni scandalisés de l'accointance ? Dans ce
poëme de transition et de transaction entre le vieux
monde et le monde nouveau, il est bien rare que l'on
sente passer le souffle du génie moderne. Il faut dire
plus : le poëte semble n'avoir ni bien compris la nature
de son sujet ni deviné les intactes richesses qui s'offraient

à lui. On a dit de *la Henriade,* avec beaucoup d'esprit
et de vérité, que les chevaux n'y trouvaient pas d'herbe à
manger. On pourrait presque dire des *Lusiades* que les
vaisseaux de Gama trouvent à peine de l'eau pour y flotter. A proprement parler, l'Océan n'est que le grand
chemin par où le héros se rend à son but. Étrange et
funeste pouvoir du génie antique sur les esprits qui
s'inféodèrent à lui : voilà un écrivain qui avait pratiqué
la mer autant qu'aucun de ses contemporains, un poëte
issu d'une famille de navigateurs, le fils d'un capitaine
qui venait d'accomplir les plus grandes traversées réali-
sables de son temps, un homme enfin presque aussi
célèbre par ses destinées et ses infortunes maritimes
que par son propre poëme, et cet homme ne nous parle
presque pas de l'élément sur lequel il a vécu. Il aime
mieux nous raconter des intrigues de cour, des aventures de palais, sans intérêt et sans éclat. Son œuvre,
destinée à célébrer un des plus grands souvenirs de
l'histoire océanique, est une œuvre à peu près exclusivement terrestre. A l'exception du quatrième et du
cinquième chant, dans lesquels nous assistons avec bonheur à diverses scènes de navigation empreintes d'un
rare talent descriptif, nous sommes presque incessamment promenés en terre ferme. C'est toujours la terre, à

moins que ce ne soit le ciel mythologique ou le paradis
chrétien. Non-seulement le poëte néglige de reproduire,
dans leur simple vérité, les grands tableaux de la vie
navale, les nouveaux et surprenants spectacles de la
mer, il ne songe pas même à dessiner la physionomie
d'un de ses héros. Et cependant quelle figure plus curieuse
à étudier, quel rôle plus attachant et plus original
que celui d'un de ces chercheurs de mondes qui furent
les contemporains et les amis de Camoëns! quel type
plus digne d'une attentive observation et d'une ardente
sympathie que le type du marin au xvie siècle! Sin-
gulier mélange de qualités rares et de vertus contra-
dictoires, homme tour à tour aventureux jusqu'à la
folie, prudent comme la sagesse, inspiré comme le
génie, à la mer plus sobre et plus austère qu'un anachorète, à terre plus voluptueux qu'un don Juan; ici,
animé de la foi d'un apôtre; là, déployant l'intrépidité
d'un héros; épris de gloire, de liberté, de fortune, et, s'il
faut subir obscurément des douleurs, des disettes, des
tortures sans nom, dévoué, soumis, résigné comme un
martyr.

Je me hâte d'arriver aux temps actuels, et j'interroge
à son tour notre muse sur l'usage qu'elle a fait de la
nature océanique. Ici, je l'ai déjà dit, les prosateurs ne

me font pas défaut. Ceux d'entre eux qui se sont attachés particulièrement à la contemplation des œuvres de Dieu pouvaient-ils fermer les yeux aux majestés et aux grâces de l'Océan ? Bernardin de Saint-Pierre, le premier, et, après lui, Chateaubriand, nous déroulent de belles pages dans lesquelles ils ont décrit, çà et là, de saisissants phénomènes maritimes, ou raconté, avec leur talent si applaudi, les épisodes de leurs traversées. Puis s'étale devant nous une multitude de productions plus ou moins ingénieuses, chroniques et romans, dont un grand nombre, sous prétexte de s'adresser aux gens de mer, sont écrits dans une langue inintelligible à terre ; dont quelques-uns sont de véritables chefs-d'œuvre d'invention, de style , de talent pittoresque. Nous ne nommons pas les maîtres du genre. Leurs noms, comme leurs œuvres, ne sont-ils pas dans toutes les mémoires ? Toutefois, si la vraie littérature a le droit de revendiquer plusieurs de ces productions, en est-il de même de la poésie ? Non, si l'on donne à ce mot de poésie sa véritable et rigoureuse signification ; non, s'il est question de la poésie qui, par les savants artifices de sa forme, élève et complète l'inspiration, en un mot, de la poésie rhythmique. On aura beau dire et beau faire, le plus admirable roman du monde ne vaudra jamais l'*Iliade,* la fiction la plus dramatique du plus habile prosateur sera toujours placée, aux yeux des experts, à une respectueuse distance de l'*Énéide*, qui, pour l'intérêt, ne vaut pas un conte de nourrice.

Cela dit, cette absence d'une poésie maritime constatée chez nous comme chez les anciens, je ferai remarquer, en passant, une autre singularité littéraire, qui, celle-ci, appartient en propre à notre histoire contemporaine.

De nos jours, nul ne l'ignore, la poésie a recruté de nombreux adeptes dans les classes populaires. Les ateliers, les mansardes, les usines, les chantiers, ont vu éclore avec étonnement tout un essaim de chantres harmonieux. Chaque profession a été fière de compter dans ses rangs un agrégé de la muse. Je ne vois guère, à un premier coup d'œil, que les matelots qui n'aient pas fourni leur représentant à la lyrique phalange. D'où vient cela? comment expliquer que la profession la plus naturellement poétique soit à peu près la seule restée en arrière d'un mouvement littéraire si digne d'attention ? Ce ne sont assurément ni les émotions ni les loisirs qui manquent aux gens de mer pour qu'ils éprouvent le désir d'aligner, comme leurs frères du rivage, des rimes appelées à une sympathique popularité. J'imagine que

s'il est une destinée propice à la rêverie, favorable aux
développements de l'imagination et de la pensée, c'est
celle de l'homme que le vent promène éternellement
sur les solitudes des océans ; de l'homme qui, la nuit,
veille aux étoiles, qui voit se lever tant de rayonnantes
aurores, se coucher de si magnifiques soleils dans les
ondes tropicales ; qui, chassé par les tempêtes, songe
avec une poignante tristesse aux tranquilles douceurs
des collines natales ; qui est descendu sur tous les
rivages, qui a frayé avec tous les peuples, qui a noué
et dénoué sous tous les points du ciel des amours éphémères, de fugitives amitiés. Pour ma part, j'ai mille
fois porté envie à cet homme ; au gabier surtout, au
gabier sans cesse juché dans sa hune aérienne, coq
vivant de ce clocher voyageur qui s'appelle un mât,
sentinelle perdue dans les nuages, vigie solitaire placée
au sommet du vaisseau, comme le soldat argien veillant au faîte du palais d'Agamemnon. Est-il pour la
muse un belvédère mieux choisi que la hune ? Pas une
strophe, cependant, pas un distique n'est tombé de là.

Nous avons regretté l'absence d'une poésie maritime
chez les anciens. Nous avons signalé la même lacune
chez les modernes. Faut-il chercher la cause d'un fait si
digne d'attention ?

Cette cause, on la trouverait peut-être tout entière dans l'impression que la mer produisait sur les anciens. A leurs yeux, la mer n'était pas ce qu'elle est aux nôtres. La navigation, naissant à peine, ne leur ayant point encore permis de se familiariser avec l'abîme, ils ressentaient nécessairement à son aspect une crainte que n'éprouvent plus les générations nouvelles. L'Océan devait leur apparaître comme une terrible et formidable puissance, comme une force aveugle, comme un indomptable élément, avec lequel l'homme, si chétif tant qu'il est réduit à ses facultés corporelles, se trouvait impuissant à lutter. L'Océan, d'une autre part, était pour eux tout peuplé de divinités jalouses, dont l'homme ne pouvait toucher et explorer le domaine sans commettre un audacieux empiétement, sans se rendre coupable d'une violation sacrilége. Nombreux sont les témoignages à l'appui de cette opinion, que l'on trouverait dans les poëtes antiques et surtout dans Homère, le plus sincère, le plus transparent interprète de la pensée primitive. Ils se résument éloquemment dans les premières paroles que Mercure adresse à Calypso en arrivant dans son île, au cinquième livre de l'*Odyssée* :

« Tu me demandes, ô déesse, quel projet amène un dieu dans ton île? Je te répondrai sans détour, puis-

que tu me l'ordonnes, Jupiter m'envoie ici malgré
moi. Qui oserait, en effet, traverser volontairement
ces eaux immenses et salées? Là ne s'élève aucune
ville, etc. »

Ainsi, voilà un dieu, un dieu qui a des ailes aux talons,
le dieu voyageur par excellence, qui déclare qu'il faut
y être contraint pour s'aventurer sur la mer. Le témoignage n'est-il pas suffisant? Nous dirons plus : les épithètes que l'Océan reçoit d'Homère sont à peu près
invariablement des épithètes de respect, de terreur ou
de répulsion. C'est l'Océan *divin,* c'est la mer *mugissante,* c'est la mer *ténébreuse,* qualifications indistincte-
ment appliquées à l'abîme, dans le calme comme dans la
tempête, dans les peintures du jour comme dans celles
de la nuit. Aux yeux de l'immortel rapsode, la mer est
noire, même à midi par le plus beau temps.

« Quand le soleil est parvenu jusqu'au milieu du ciel,
dit Calypso dans le quatrième livre, l'infaillible Protée
s'élève au souffle du zéphyr du fond de l'Océan, et il est
voilé par la *noire* surface de la mer frémissante. »

Enfin, c'est la mer *stérile,* c'est-à-dire le domaine de
la faim et de la soif. Cette épithète de *stérile,* qui revient
si fréquemment sous le burin d'Homère, me paraît d'autant plus remarquable, qu'elle offre une apparente con-

tradiction avec l'idée de fécondité que les naturalistes
primitifs attribuaient à la mer. Nul n'ignore que, dans
l'opinion d'une nombreuse école philosophique, opinion
si spécieuse qu'elle a toujours occupé une place hono-
rable dans la science, la création entière était graduel-
lement sortie des flancs de l'Océan ; c'est cette paternité
magnifique qui se symbolisa dans la naissance de Vénus,
et fut exprimée par le *pater Oceanus*, appellation si
familière à la langue de Virgile. Du reste, entre le *pater
Oceanus* et la *mer stérile,* entre deux qualifications si
opposées, la contradiction, nous l'avons dit, n'est qu'apparente. Rien de plus facile que d'en concilier les deux
termes : la mer *féconde* à l'intérieur, *stérile* à la surface.
Et, en effet, cette stérilité des flots ne pouvait manquer
de préoccuper singulièrement les gens à une époque
où l'alimentation nautique rencontrait encore tant de
difficultés.

On pourrait, nous dira-t-on, vous opposer divers passages des poëtes grecs dans lesquels la mer se présente
sous des couleurs plus riantes. Sans doute. Les Grecs,
par intervalles, admirent les grâces de l'Océan ; mais, si
nous osons le dire, c'est avec une sorte de contrainte.
Ils les contemplent du rivage, ils les aiment à distance,
prudemment, à peu près comme on aime à voir de

loin les câlineries d'un tigre. Si le monstre leur sourit, c'est bien, ils notent le sourire, mais ils n'en demeurent pas moins dans une attitude de réserve et de suspicion. Les Grecs étaient gens à se connaître en perfidie. Bref, le sentiment général, le sentiment persistant qu'ils éprouvent vis-à-vis de la mer est toujours celui de la terreur, et ce sentiment, ils le transmettent aux Romains, qui, par l'organe d'Horace, l'expriment à leur tour d'une façon si saisissante : *Illi robur et æs triplex...* Il y a là, dans l'ode latine, une vingtaine de vers où chaque mot porte coup, où l'antipathie pour la mer arrive jusqu'à l'exécration, où l'homme qui s'embarque est considéré comme un audacieux bandit, où le navire lui-même n'est accusé rien moins que d'impiété. *Impiæ non tangenda rates transiliunt vada.*

Voilà, ce me semble, l'éloignement des poëtes anciens pour la mer suffisamment expliqué. Nous demandera-t-on l'interprétation du même éloignement de la part des poëtes modernes? Eh! mon Dieu, rien de plus simple : pure affaire de tradition. Les anciens ont peu parlé de la mer, dont ils avaient peur ; les modernes, aguerris avec elle, n'en ont guère plus parlé, par imitation des anciens. Les premiers respectaient l'Océan, les seconds ont respecté les premiers. Voilà tout. Quel est le téméraire

novateur qui eût osé, avant l'ère poétique qui s'ouvre
avec ce siècle, embarquer sa muse sur un élément littéraire au bord duquel s'était arrêtée la muse antique?
Certes, celui-là aurait eu un cœur de chêne, *illi robur et
æs triplex circa pectus.*

Maintenant, disons ceci bien haut, pour prévenir toute
fausse interprétation de notre pensée : si l'on ne trouve
ni dans la poésie antique ni dans la poésie moderne
aucune œuvre capitale exclusivement consacrée à la mer,
en revanche on rencontre, par intervalles, dans l'une et
l'autre, des détails isolés, des peintures fragmentaires,
où quelques-uns des principaux aspects des flots sont
admirablement décrits. N'était que nous avons déjà
dépassé les limites ordinaires d'une préface, nous vou-
drions indiquer ici les plus remarquables passages des
poëtes anciens et nouveaux touchant la nature maritime.
Il y aurait là, nous le croyons, une étude à entreprendre,
intéressante et féconde en curieux rapprochements, une
instructive revue à travers les générations littéraires,
depuis Alcman, le lyrique grec de je ne sais plus quelle
olympiade, qui, dans son beau dialecte dorique, appelait
fleur des vagues l'écume de la rive, jusqu'au poëte anglo-
normand, Robert Wace, qui, dans *Artus de Bretagne,*
dans *le Roman de Rou,* dans la *Chronique des ducs de*

Normandie, consacre de nombreuses mentions aux voyages maritimes du XIIe siècle; depuis l'auteur des *Troyennes*, chantant : « O brises, brises de la mer, où me conduisez-vous? » jusqu'au sire Adam le Roy disant :

> Cudos s'en retourna arrière,
> Car la mer li estoit trop fière;

jusqu'à Guiot de Provins décrivant la boussole en vers ingénieux; depuis le *suave mari magno* de Lucrèce, jusqu'aux rimes toscanes de Francesco Barbarino; depuis Virgile, dont chaque épithète vaut un tableau de maître : *mare velivolum*, *cœruleum mare*, etc., jusqu'à l'auteur anonyme de la chanson matelote du manuscrit de Cambridge, curieux spécimen de la littérature anglaise au XIVe siècle, ou jusqu'au mélancolique auteur, également inconnu, de la complainte d'Écosse, qui, vers 1550, vient demander au spectacle de la mer la distraction des maux dont sa patrie est affligée; depuis lord Dorset, auteur d'une charmante chanson de marins anglais : « A vous, mesdames, qui êtes à présent sur terre, nous qui sommes sur mer nous écrivons... » jusqu'à lord Byron, qui, dans *le Corsaire* et dans *Childe Harold*, adresse à l'Océan de si magnifiques vers; depuis Salomon Gesner écrivant en Suisse, probablement au

bord de la Mer de Glace, son froid poëme du *Premier
Navigateur,* jusqu'au Provençal Esménard, qui rédigea ce
livre de *la Navigation* où brillent toutes les qualités de
la poésie de l'Empire ; enfin, jusqu'à nos grands poëtes
contemporains, qui, presque tous, ont éloquemment
salué la mer en passant, mais dont aucun ne lui a voué
un culte particulier.

Abrégeons. Le livre des Harmonies de la mer, que
l'on demanderait vainement aux lettres antiques et
modernes, avons-nous la présomptueuse pensée de
l'apporter au public? A Dieu ne plaise. Ce n'est pas
quand on est aussi pénétré que nous le sommes du
sentiment de sa faiblesse que l'on se méprendrait à ce
point sur le peu qu'on a fait. Non, ce livre n'est pas le
poëme de l'Océan tel que nous l'avons rêvé parfois, et
que nous aurions voulu tenir de quelque magistrale
main. Ce livre est tout simplement un recueil d'esquisses
maritimes, une collection d'études, écrites par intervalles, sous l'inspiration tenace d'une même pensée, et
réunies entre elles, plus ou moins étroitement, par le
lien d'une commune origine.

Un dernier mot, et, bien qu'il en coûte, un mot tout
personnel.

S'il était, par hasard, quelques lecteurs amis qui

eussent gardé un souvenir des deux ou trois volumes
d'essais que je publiai de 1835 à 1840, peut-être s'éton-
neraient-ils d'en retrouver ici un petit nombre de lambeaux, et si tant est que la chose demande une explica-
tion, la voici : environ dix ans après avoir livré à la
publicité ces premières ébauches de ma jeunesse, j'eus,
dans un jour de désœuvrement, la fantaisie de les revoir.
Je jugeai ma *création*, et, avec une triste variante de la
Genèse, je vis qu'elle était mauvaise. Je jetai au feu mes
trois volumes, avec le sentiment de satisfaction que
l'on éprouve à consommer un acte de justice. Toutefois,
comme il y avait çà et là, dans le triple recueil, certains fragments dont la pensée ou la forme me semblait
moins condamnable que le reste, je crus pouvoir, sans
excès de faiblesse, les sauver du désastre. L'illustre
auteur des *Confidences* nous raconte qu'il aperçut, le
soir d'un jour de tempête, un pauvre pêcheur d'Ischia
sur la plage de son île, lequel retirait des flots quelques
rares débris de sa barque submergée, la poulaine, une
vergue, deux ou trois minces planches, pour les faire
entrer dans la construction d'un nouvel esquif. Je fis
comme le malheureux Napolitain. Rien ne rend indus-
trieux comme la pauvreté.

Il ne me reste qu'à invoquer sur cette nouvelle tenta-

tive l'indulgence déjà éprouvée du public. Quelque jour
peut-être, une œuvre plus grande et mieux achevée, un
livre vraiment digne de s'intituler *le Poëme de la Mer* lui
sera offert par un plus habile. J'applaudis d'avance au
chef-d'œuvre futur, au majestueux vaisseau qui par-
courra l'espace et résistera aux assauts des vents contraires. Ce que j'ose aujourd'hui livrer aux flots, par un
temps bien chargé de nuages, c'est, je viens de le dire,
une fragile barque charpentée grossièrement et formée
de pièces mal jointes; mais, fût-ce moins encore, fût-ce
l'informe radeau du sauvage, fût-ce l'arbre de la rive
creusé par une main novice et qui va sombrer sous la
première lame, je m'en consolerais, en songeant que la
navigation a débuté par là.

NOUVELLE PRÉFACE

Ce livre résume en quelque sorte pour l'auteur toute une longue phase de sa vie. Il en ébauchait les premières pages aux plus fraîches heures de l'adolescence, il en écrit la dernière à un âge où la jeunesse n'est plus qu'un souvenir.

Au moment de le présenter au public, sous une forme nouvelle et définitive, je désirerais qu'il me fût permis de remonter un instant à son origine; non, certes, que son importance réclame ni même justifie un semblable retour vers le passé; mais il est des souvenirs qui semblent porter avec eux leur excuse; on se sent d'autant plus attiré vers eux que le temps les éloigne davantage; et, pour peu qu'ils se rattachent à des objets disparus à jamais du monde, ils

se trouvent comme placés sous la protection d'un
sentiment religieux.

La maison de mon père s'élevait autrefois dans la
partie la plus antique de Marseille, à l'extrémité même
du rivage. Toutes les villes maritimes ont de ces
quartiers voisins du flot, recherchés de préférence
par d'anciens marins, qui, désormais retirés à terre,
aiment à avoir une fenêtre ouverte sur les espaces
jadis parcourus. A peu près étrangers au reste de la
cité, les habitants se reconnaissaient à un air carac-
téristique — l'air maritime. Il en était de même des
maisons ; le visiteur qui, venu des autres quartiers
de la ville, pénétrait dans ces modestes habitations,
y remarquait dès le seuil une propreté irréprochable,
vertu contractée à la mer ; il s'y préoccupait aussi
d'un arome étrange, odeur particulière à l'intérieur
des navires. Les honneurs étaient faits par de gra-
cieuses femmes, que leur fortune ordinairement étroite
n'empêchait pas de pratiquer une généreuse et sou-
riante hospitalité : sur une nappe lestement dépliée,
elles se hâtaient de vous offrir sorbets, confitures des
îles, tafia de la Martinique, et profitaient de l'occasion pour vous montrer les belles étoffes du Levant,

les fines gazes de la Chine, les parures de corail, les mille riens exotiques, rapportés en cadeaux par leurs maris ou leurs frères ; tout cela dans de petits salons au rez-de-chaussée décorés de trois ou quatre peintures au lavis, bricks et goëlettes à la voile qu'un pinceau scrupuleux orna de tout l'appareil de leurs agrès.

Sans être marin de profession, mon père avait accompli dans sa jeunesse plusieurs grandes navigations. Ni l'Inde ni les Amériques ne lui étaient inconnues. Quoique redescendu de bonne heure au rivage, il avait gardé de ses lointains voyages une sympathie constante pour les gens de mer, et de nombreuses relations parmi eux. Il n'était pas rare de voir arriver chez nous des hommes connus autrefois sur le pont d'un navire par le chef de notre famille, compagnons de fortune qui profitaient d'un séjour à terre pour venir serrer la main du fidèle ami. La plupart étaient des capitaines, quelques-uns de simples matelots, également sûrs d'un bon accueil. On les fêtait, on les entourait, on les retenait au repas du soir ; et là, dans une salle basse ornée de curiosités nautiques, Dieu sait tout ce qui s'échangeait de

mutuelles réminiscences, de récits parfois bien émou-
vants, entre les convives et leur hôte. Enfant, je
recueillais leurs propos avec l'attention passionnée
du premier âge; et, quand sonnait, à l'horloge de
l'escalier, l'heure où ma mère me ramenait à mon
étroite chambre, j'éprouvais, à perdre la suite de
l'entretien, un chagrin, une angoisse qui me semblait
la plus dure des épreuves.

Hélas! j'en ai depuis connu bien d'autres : j'ai vu,
pour n'en redire qu'une, j'ai vu tomber, sous le marteau démolisseur, cette humble maison paternelle où
revivaient pour moi de chères et saintes ombres.
Comprise dans la ruine de l'ancienne ville, elle eut
à partager le sort de tant d'autres demeures dont
les vieux habitants cherchent aujourd'hui la trace.
Douce et paisible maison! avec elle, c'était ma jeunesse qui s'écroulait; avec chacune de ses pierres,
c'était une image sacrée qui tombait en poudre.

Je disais donc que la maison de mon père fut
longtemps le rendez-vous de ses anciens compagnons
de voyage. Braves et honnêtes figures, fatiguées par
les durs travaux, bronzées par le hâle marin. Il y
avait là toute une galerie mouvante dont chaque

physionomie resta gravée dans ma mémoire : une entre autres, celle d'un Italien, capitaine d'un brick fin voilier, homme plein de séve et de verdeur, qui allait et venait des Antilles à Marseille, de Marseille aux Antilles, aussi lestement que j'allais, moi, de notre seuil à l'école voisine. Il était natif de Gènes et s'appelait Julio Tini. Fils d'une bonne maison, il avait reçu, dans un collége de sa ville, la meilleure éducation classique du temps; et depuis lors, chose merveilleuse, il s'était jeté dans mille étranges aventures, avait franchi vingt fois l'Atlantique, sans que les bourrasques de la vie ni les vents de la mer eussent emporté de sa mémoire un vers de Virgile ou d'Horace.

Il fut tout heureux, lorsque je commençai à traduire ces immortels poëtes, d'avoir une occasion de faire parade de ses souvenirs. Mainte fois, à la veillée, il m'attirait entre ses genoux, et, l'œil allumé d'une sorte d'enthousiasme, la voix haute et solennelle, il récitait, sans une hésitation, des centaines de vers de l'*Énéide*, auxquels son accent italien et sa déclamation chantante prêtaient comme une harmonie et une vérité de plus. Son chagrin était de ne savoir que les six premiers livres de l'épopée latine. Longtemps après sa sortie du collége, il voulut, pour compléter sa richesse, apprendre les six autres; mais, en dépit de ses efforts, il y réussit mal, et il en gardait rancune à son cerveau: « Vieille cire durcie, murmurait-il, qui ne reçoit plus les empreintes! »

Plus tard, il apprit ou devina que son jeune auditeur ébauchait çà et là, dans l'ombre, quelques vers en langue française. A dater de ce jour, une idée s'empara de lui. L'épopée étant à ses yeux la plus noble tâche à laquelle se pût vouer une muse, il conçut l'ambition de me faire écrire un poëme du genre épique. Le plus difficile était le choix d'un héros, et cette difficulté n'existait pas pour lui : en sa qualité de Génois, il m'offrait un nom tout trouvé : celui de son compatriote Christophe Colomb.

Je crois bien que, de prime abord, dans les généreuses illusions d'un âge où nul sommet ne paraît inaccessible, la pensée du bon Julio Tini ne fut pas sans m'enflammer quelque peu. Cependant, soit que l'enfant comprît dès lors vaguement que l'épopée était désormais un moule hors d'usage, soit plutôt que le sentiment de ma faiblesse me ramenât à de moins hautes visées, je ne tardai pas à me récuser, donnant pour prétexte à mon vieil ami qu'il n'appartenait qu'à un Italien de chanter l'immortel Colomb dans sa propre langue.

Il partit un jour, et je ne l'ai plus revu. Mais, si je pus, à son départ, éloigner tout à fait le rêve d'une grande épopée nautique, il ne m'était malheureusement pas aussi facile de secouer les obsessions premières de la muse. A ce qu'on nomme ainsi, c'est-à-dire à ce besoin d'observer, de peindre, de chanter, qui tourmente à son réveil toute jeune imagination, il fallait trouver une matière ; et où l'aurais-je plus naturellement cherchée que dans un élément dont j'étais pour ainsi dire enveloppé? Non-seulement la mer occupait autour de moi toutes les pensées, résonnait dans toutes les paroles, elle était aussi l'éternel et unique spectacle de mes yeux. J'en étais si rapproché, que le moindre vent jetait jusque dans ma chambre la poussière saline de ses flots, et que j'entendais, la nuit, de mon alcôve, même dans les plus grands calmes, le bruit de sa respiration haute et large.

De ma fenêtre, assez semblable à l'étroite ouverture d'un sabord, on voyait trois choses qu'embrassait un même coup d'œil : le dôme de *la Major* (ancienne cathédrale de Marseille) ; l'enclos d'un cimetière abandonné, attenant à la vieille église, et enfin, et surtout la vaste mer qui remplissait tout l'horizon. Aujourd'hui, de ces trois choses, les deux premières n'existent plus, elles ont eu le même sort que la maison paternelle et que la plupart des édifices voisins ; la mer seule est restée ; et encore, si profondément refoulée, si bouleversée dans la configuration de ses rivages, que l'œil se fatigue vainement à rechercher les lignes primitives.

Ce n'était pourtant pas un tableau sans charme que celui qui s'encadrait dans ma haute lucarne, que la vue de cette église vénérable dont les tours carrées se dessinaient sur le fond bleu des eaux, de ce camposanto solitaire où les rafales du mistral secouaient en automne les croix de bois et les hautes herbes, et de cette mer qui venait, libre de tout obstacle, dérouler ses écumes sur des lits de sable. A qui les regardait de mon observatoire, il semblait que ces trois parties d'un même tableau s'étaient rapprochées et confondues pour se prêter de mutuelles harmonies, ou plutôt que le vieux temple et le vieux cimetière n'étaient là que pour ajouter une pensée divine aux perspectives infinies de l'horizon.

Sans cesse regardée, admirée sous ses mille faces, la mer fut donc pour moi quelque chose d'assez semblable à une première passion de la vie. Dès lors, comme il arrive à la plupart des imaginations studieuses, j'aurais voulu recueillir dans les livres de nombreuses images de l'objet sur lequel se fixaient mes contemplations. Nulle part je ne trouvais ce que j'aspirais à découvrir, une œuvre poétique uniquement et exclusivement inspirée par la mer, une suite de tableaux pris sur nature, et toujours d'après ce modèle si uniforme en apparence, en réalité si changeant et si mobile; un livre enfin où l'auteur aurait su, ainsi que nous le disions ailleurs, « traduire librement, au gré de l'heure, au gré du vent qui souffle, une partie des impressions sans nombre que les âmes rêveuses ou passionnées reçoivent de ses flots; donner une forme plus précise à ce vague sentiment de l'infini que tous éprouvent devant elle; étudier, expliquer, commenter, au profit du voyageur qui fend la vague, au profit du passant qui longe la rive, ce magnifique élément dont Dieu fit la plus grande moitié de sa création ».

C'est ainsi, on le voit, que germa la pensée de ce livre ; c'est ainsi que j'en écrivis les premières ébauches dans ces années de candeur et d'enthousiasme qui donnent à nos œuvres l'accent de la jeunesse. Heureux les livres qui ont un pareil accent ! Le public les accueille toujours avec une particulière faveur, et l'auteur lui-même, parvenu au déclin de sa carrière, se sent plus d'une fois ramené vers eux, car ils lui rappellent ce que la vie a de meilleur, les commencements et les espérances.

J. A.

LIVRE PREMIER

OCÉAN

PRÉLUDE

Nous sommes les vagues profondes
Où les yeux plongent vainement;
Nous sommes les flots et les ondes
Qui déroulent autour des mondes
Leur manteau d'azur écumant!

Une âme immense en nous respire,
Elle soulève notre sein.
Sous l'aquilon, sous le zéphire,
Nous sommes la plus vaste lyre
Qui chante un hymne au trois fois Saint!

Amoncelés par les orages,
Rendus au calme, tour à tour,
Nous exhalons des cris sauvages,

Qui vont bientôt sur les rivages
S'achever en soupirs d'amour.

C'est nous qui portons sur nos cimes
Les messagers des nations,
Vaisseaux de bronze aux mâts sublimes,
Aussi légers pour nos abîmes
Que l'humble nid des alcyons

Sur ces vaisseaux si Dieu nous lance,
Terribles, nous fondons sur eux ;
Puis nous promenons en silence
La barque frêle qui balance
Un couple d'enfants amoureux !

Nous sommes les vagues profondes
Où les yeux plongent vainement ;
Nous sommes les flots et les ondes
Qui déroulent autour des mondes
Leur manteau d'azur écumant !

I

LES OCÉANIDES

Seul avec la douleur qui partout l'accompagne,
Un soir que le poëte errait sur la montagne,
En regardant la mer déroulée au couchant,
Un murmure, une voix lointaine, entrecoupée,
L'atteignit... Son oreille était-elle trompée ?
Non ! Sous les vagues sons de cette mélopée,
Il reconnut bientôt les paroles d'un chant :

« Que fais-tu loin de nous sur ces hauteurs sauvages,
Enfant né sous nos yeux, enfant de nos rivages,

Que nous avons bercé dans nos souples roseaux?

Fuis ces sommets, ingrats comme le cœur des hommes.

Point de doux entretiens là-haut, point de doux sommes.

Viens, redescends vers nous qui t'aimons, et qui sommes

Les filles de la mer, les déesses des eaux!

« Ami, n'avons-nous pas, dès longtemps, la coutume

D'endormir le chagrin, d'adoucir l'amertume,

D'étancher de nos mains et le sang et les pleurs?

Au sommet d'une roche inculte, inhabitée,

Quand, ravisseur du feu céleste, Prométhée

Souffrait silencieux la peine imméritée,

Qui monta jusqu'à lui pour calmer ses douleurs?

« Ce fut nous : notre foule à peine est avertie,

Elle prend son essor vers le mont de Scythie

Qui du fils de Japet est l'implacable autel.

En vain du noir vautour il était la pâture ;

Nous, berçant notre vol sur son lit de torture,

Nous lui parlions d'espoir et de gloire future,

Et nous versions le baume au flanc de l'immortel.

« Siècles évanouis, dont s'efface l'image!

Dans l'univers, alors, tout nous rendait hommage ;

Notre divinité rayonnait sur les flots.

Au départ, au retour des courses maritimes,

Le pilote à nos pieds immolait des victimes,

Et nos grottes d'azur, ouvrant sur les abîmes,

Nous répétaient sans fin les vœux des matelots.

» Du superbe Océan nous étions la famille,

Nous étions la tribu célèbre, qui fourmille

Comme les flots pressés dans ses vastes bassins.

Aux heures où s'endort le vent longtemps rebelle,

Combien du dieu des mers la puissance était belle,

Quand, pareil au pasteur d'un grand troupeau qui bêle,

Il menait après lui nos ondoyants essaims!

» Et quel beau jour encor dans nos riches annales,

Quand, sous un vent d'avril, aux heures matinales,

L'écume de la mer soudain frémit sur nous,

Et qu'on te vit sortir de notre bleu domaine,

Déesse de l'Amour! belle Anadyomène,

Vénus! beauté divine à force d'être humaine,

Dont tous, hommes et dieux, embrassent les genoux.

» Que de moments passés à mirer aux eaux pures

Nos épaules d'argent, nos glauques chevelures

Qu'étoilaient le corail et l'ambre du rocher!

Que de nuits à nager près des plages sereines,

A folâtrer, tandis que nos sœurs les Sirènes

Attiraient à l'écueil par leurs voix souveraines

La barque désireuse et craignant d'approcher!

» Cet heureux temps n'est plus. Nos royaumes sans bornes

S'étendent désormais solitaires et mornes.

Plus de joyeux ébats, de fêtes ni de jeux!

Hélas! pourquoi faut-il qu'un tel pouvoir expire!

Un Dieu plus grand que nous a repris son empire :

C'est lui seul maintenant qui dans les eaux respire,

Lui qui fait leurs beaux jours et leurs jours orageux.

» Eh bien, n'importe, ami! n'importe; sur nos grèves,

Viens promener ton deuil, et ta joie, et tes rêves;

Viens, par les sombres temps ou par les cieux plus doux.

Si, déesses des mers, nous en fûmes bannies,

Nous y restons encor, fantômes ou génies,

Et nous avons toujours de vagues harmonies

A chanter au passant qui se souvient de nous.

» Viens donc, viens! tu sauras par nous bien des mystères.

Nous te dirons l'hymen des ondes et des terres,

L'Océan, ses vaisseaux, ses monstres, ses forêts.

Nous te révélerons par quel ressort occulte

La mer, à quelque dieu qu'elle rende son culte,

Tantôt baise ses bords et tantôt les insulte :

Viens ! tu n'ignoreras aucun de nos secrets ! »

Ainsi chantait le chœur apporté par la brise.

Cependant, le poëte écoutait, l'âme éprise ;

Pensif, il descendait l'âpre escalier des monts.

Il atteignit bientôt la grève où le flot croule ;

Et là, des jours entiers, oublieux de la foule,

Il vécut, l'œil fixé sur l'écumante houle ;

Il fit son lit dans l'algue et dans les goëmons.

« Chœur sacré ! disait-il, blanches Océanides,

Qui m'avez rappelé de mes sommets arides,

Chantez ! je noterai votre éternel concert.

Est-ce à vous que je dois, filles du grand Homère,

Tant de rêves pressés dans mon front éphémère ?

Ou n'est-ce pas plutôt à ce Dieu de ma mère

Qui m'a dit : « Sois poëte, et viens vivre au désert ? »

Et puis ses visions, ses hymnes, ses pensées,

Au sable de la rive étaient par lui tracées

Avec un roseau frêle et tremblant dans sa main.

Poëmes de tristesse ou de joyeux délire!

— Vous qui passez aux bords, hâtez-vous de les lire,

Hâtez-vous! car, s'il vient une vague, un zéphire,

Rien du livre effacé ne restera demain!   .

II

LE TRAVAIL

Poëte errant au bord de cette mer profonde,

Suspends le pas et vois... vois ce que fait son onde :

En fondant sur la grève, elle y prend au hasard

Quelque caillou grossier qui gisait à l'écart,

De silex, de granit quelque rude parcelle,

La détache du sol et l'entraîne après elle,

Et la plonge au milieu des sillons blanchissants.

Puis, sans compter les jours, ni les mois, ni les ans,

Que l'abîme en fureur se soulève ou qu'il dorme,

De cet obscur débris elle épure la forme.

Obstinée à sa tâche ainsi qu'un ciseleur,

Sans cesse elle y revient; à l'égal d'une fleur,

L'arrondit, l'amincit, l'émaille et la colore,

La prend et la rejette et la reprend encore,

Jusqu'à ce qu'elle en fasse un de ces fins cailloux,

Bleus, polis, doux à l'œil, au toucher non moins doux,

Que les petits enfants conduits sur le rivage

Cherchent avec l'ardeur naïve de leur âge,

Qu'ils trouvent, ô merveille ! et qu'au fond de la main

A leurs amis jaloux ils montreront demain.

Poëte, fais ainsi : choisis quelque pensée

Loin des sentiers battus errante ou délaissée.

Qu'un art laborieux, qu'un soin toujours nouveau,

Le jour, la nuit, longtemps la roule en ton cerveau.

N'épargne au saint travail que soutient l'espérance

Nul effort, nul souci, — pas même la souffrance.

Rêve une autre couleur, cherche un autre contour...

Tu seras trop payé si l'on te doit un jour

Un de ces vers heureux, marqués d'un peu de gloire,

Dont les hommes charmés décorent leur mémoire !

III

LE DÉLUGE

Usque huc venies et non procedes
amplius.

JOB, ch. XXXVIII.

Pourquoi, d'une vague implacable,
Vieil Océan, viens-tu toujours
Battre de ta prison de sable
Les indestructibles contours?
Tu perds ton temps, tu perds ta peine;
Ne vois-tu pas que cette arène
A ta colère sert de frein?
Que tu viens t'épuiser contre elle
Comme un enfant dont la main frêle
Heurterait des barreaux d'airain?

Est-ce pour frapper d'épouvante
Les peuples rangés à tes bords

Que sur ta falaise mouvante
Tu rejaillis avec efforts?
Mais nul n'a peur de ta menace;
Chacun de nous choisit la place
La plus voisine de tes flots.
Insoucieuses et tranquilles,
Tu vois jusqu'au sein de tes îles
Les nations vivre en repos.

Cesse donc, ô mer en démence,
De bondir ainsi contre nous.
N'as-tu pas tout le gouffre immense
Pour y déchaîner ton courroux?
Épargne enfin ces vieilles rives
Que de tes lames convulsives
Le choc trop longtemps ébranla :
Ta colère est stérile et folle;
Car tu sais bien qu'une parole
A dit : « Tu t'arrêteras là! »

Tu le sais bien! mais non, peut-être
As-tu perdu le souvenir
De l'heure lointaine où ton maître
Fit ces bords pour te contenir;

Et peut-être as-tu, pour ta gloire,

Gardé seulement la mémoire

D'un jour plus fameux et plus grand,

De ce jour où ton flot sublime

Se dressa du fond de l'abîme

Et partit comme un conquérant!

L'impie orgueil, le vice immonde

Gagnaient partout le genre humain;

L'iniquité, reine du monde,

L'avait pris déjà dans sa main.

Dieu se leva : « Faisons justice!

Il est temps que j'anéantisse

Les œuvres d'un globe pervers,

Et que le châtiment efface

Jusqu'aux vestiges de la race

Qui profane cet univers! »

Il dit, et les cieux s'obscurcirent;

La nue ouvrit ses noirs trésors,

Et tes ondes, ô mer! frémirent

Et s'élancèrent de leurs bords;

Et les nations refoulées,

Devant les eaux amoncelées,

Partout reculèrent d'horreur ;
Mais, hélas! que servit la fuite?
Les eaux étaient à leur poursuite,
Courant plus vite que la peur.

Le monstre avait rompu sa chaîne ;
De sa cage emportant les gonds,
Terrible, il franchissait la plaine
Retentissante sous ses bonds.
Loin de ta plage escaladée,
Tu broyais, ô mer débordée,
Arbres, maisons, champs nourriciers
Tes vagues roulaient sur la terre
Comme des chariots de guerre
Traînés par de fumants coursiers.

Alors, à travers les campagnes,
On vit, comme de grands troupeaux,
S'enfuir vers les hautes montagnes
Les peuples chassés par les eaux.
On vit la race humaine entière
Assiéger, sombre fourmilière,
Les plateaux des monts trop étroits ;
Pressés, entassés par cent mille,

Le fort étouffant le débile,
Les sujets marchant sur les rois.

Prêtresses des plaisirs infâmes,
Pontifes des dieux imposteurs,
Soldats superbes, faibles femmes,
Tout se rua vers les hauteurs,
Des grands bois tout gravit les tiges ;
Chacun — tels étaient leurs vertiges ! —
Emportant son plus cher trésor,
L'amant sa complice adorée,
Le pauvre marchand sa denrée,
L'avare son sac gorgé d'or.

O désespoir ! le flot approche,
Le voici fumant et grondant.
Gravissez encor cette roche !
Étreignez ce rameau pendant ! —
Vers des retraites inconnues,
On vit jusques au sein des nues
S'élancer les pâles humains,
Et, surprises dans ces retraites,
Les mères dresser sur leurs têtes
Leurs enfants noyés dans leurs mains.

En vain les vierges éperdues
Tombent et roulent à genoux,
Et de leurs pâles mains tordues
Conjurent le flot en courroux :
Sourde à toute voix qui l'implore,
L'onde impitoyable dévore
Tout ce qui s'oppose à son cours.
Sans reprendre une fois haleine,
Elle a conquis plaine sur plaine,
Et sa fureur monte toujours.

Elle monte, et, du ciel qui penche
Toutes ses urnes à la fois,
L'averse en cascades s'épanche
Et des cités crève les toits.
A l'eau des mers qui s'amoncelle
S'unit partout l'eau qui ruisselle
Du réservoir des cieux béants;
Partout descendent les nuages,
Et partout monte sur les plages
L'éruption des Océans.

Elle monte, elle écume, elle entre :
Où fuir encore? où se cacher?

Elle atteint le lion dans l'antre,
Et chasse l'aigle du rocher.
Adieu les palais et leurs hôtes !
Adieu les villes les plus hautes !
Adieu donjons ! temples, à bas !
Aux lieux où régnait la luxure,
Les morses cherchent leur pâture,
Et le phoque y vient mettre bas.

Sous les trombes, sous les tonnerres,
Et sous les vents et sous les eaux,
Craquent les palmiers centenaires,
S'émiettent les monts en morceaux.
L'aspect du globe se transforme :
Ce n'est plus qu'un fantôme énorme
Qui n'a ni couleur ni contour.
L'espace, envahi par les vagues,
Se perd en des horizons vagues
Éclairés d'un sinistre jour.

Et pêle-mêle, à leur surface,
Flottent cadavres et mourants,
Et débris que le flot amasse,
Qu'il roule au hasard des courants,

Et par troupeaux, le cerf qui brame,
Le tigre, l'ours, l'hippopotame
Et le mammouth démesuré ; —
Et, fatigué d'un vol suprême,
Du haut des cieux l'aigle lui-même
Au gouffre amer tombe effaré !

Plus de rivage, plus de digue !
Rien que la mer, la mer partout,
Qui se répand, qui se prodigue
D'un bout du globe à l'autre bout.
Dans son élan que rien n'arrête,
Elle gravit, de crête en crête,
Les monts les plus audacieux ;
Toujours, encore, sans relâche,
Jusqu'à ce que son onde cache
Le pic le plus voisin des cieux !

Triomphez donc, vagues sublimes !
Chante ta victoire, Océan !
Tu foules les plus fières cimes :
Atlas, Himalaya, Liban !
Dans ton sein les cèdres superbes
Sont affaissés comme des herbes

Et tremblent comme des roseaux.
Ta vague est partout répandue;
Tu promènes sur l'étendue
La masse immense de tes eaux.

Triomphe! à ce moment, le globe
C'est toi seul, c'est ton flot uni.
Triomphe! des plis de ta robe
Tu vas balayant l'infini!
Auteur du plus grand des désastres,
Tu jettes jusqu'au front des astres
Ton écume au rire insultant!
Rien, plus rien sur ton eau sans borne,
Si ce n'est un navire morne
Qui semble un sépulcre flottant.

Mais, en proclamant ta victoire,
Hâte-toi surtout d'en jouir,
Car l'heure unique de ta gloire
Sera prompte à s'évanouir.
Bientôt, abaissé de ce faîte,
Tu devras rendre ta conquête
Et redescendre de si haut.
Pour que ton onde se retire,

Que faut-il? il faut un zéphire
Et la volonté du Très-Haut.

Le zéphyr souffla : les nuées
S'ouvrirent au septentrion ;
Dieu sur les eaux diminuées
Fit descendre un premier rayon,
Le sol reparaît ; la grande Arche
Arrête son saint Patriarche
Sur un sommet d'où l'onde a fui ;
Il sort, il offre un sacrifice
Au Dieu terrible, au Dieu propice
Qui sauva tout un monde en lui.

Éloignez-vous, derniers orages!
L'Éternel, entr'ouvrant les cieux,
Déploie au milieu des nuages
Les couleurs d'un arc radieux.
La terre dans cet arc immense
Admire un signe de clémence,
Tandis que l'Océan dompté
Ne voit dans le céleste emblème
Qu'un joug imposé par Dieu même
A son fol orgueil révolté.

Viens donc, viens donc de tes rivages
Assiéger les âpres contours;
Ronge tes bords, mine tes plages,
Et recommence tous les jours.
Mais souviens-toi, mer insensée,
Que la main qui t'a repoussée
A désormais fixé tes lois,
Et que ton flot en vain se lève
Contre les sables d'une grève
Qu'il ne franchira pas deux fois !

IV

APPAREILLAGE

Quand le navire est prêt pour sa course lointaine,
Que tous les passagers sont arrivés à bord,
Et que la brise est bonne à qui s'en va du port :
« Levons l'ancre et partons, » dit le vieux capitaine.

Alors, les matelots au cabestan de chêne,
Avec un chant plaintif, avec un rude effort,
Tirent, tirent longtemps la longue et lourde chaîne
Qui s'attache avec l'ancre au sable qu'elle mord.

Je comprends, matelots, pourquoi ce chant est triste,
Et je comprends aussi pourquoi l'ancre résiste ;
Ah ! c'est qu'elle s'accroche à tout le cœur humain :

Au tranquille rivage, à la vieille demeure,

A l'épouse, au berceau de quelque enfant qui pleure,

Et qui la tient encor dans sa petite main !

V

CIRCUMNAVIGATION

Ludens in orbe.

BIBLE.

Aux confins d'un plateau qui fleurit sans culture,
S'élève une montagne, étrange de structure,
Dont les flancs inclinés et taillés en remparts
Présentent mille creux béants de toutes parts.
Comme un entassement de décombres antiques,
Comme un cloître désert, plein d'hôtes fantastiques,
Le mont, tout crevassé par les siècles rongeurs,
Surgit; — ancien volcan, disent les voyageurs.
Le loup, qui rôde autour des bêlantes étables,
Et les renards, voisins aux fermes redoutables,
A l'abri du regard, possédaient autrefois

Ces antres de granit qu'entourent de grands bois.

Mais les âpres chasseurs, obstinés sur leur trace,

En ont, depuis longtemps, éteint la double race.

Désormais le vieux mont s'élève inhabité.

Par les prudents pasteurs il n'est plus évité ;

Et, de l'aurore au soir, mille brebis errantes

Y broutent sans danger les herbes odorantes.

Parfois, quand le zéphyr aimé du pèlerin

Vient tempérer l'ardeur de notre ciel d'airain,

Quand les confuses voix de la campagne verte

Chantent, pour m'appeler, sous ma croisée ouverte,

Je saisis à ma porte un bâton d'églantier,

Et du mont caverneux, seul, je prends le sentier.

Longtemps, parmi les pins qui sifflent sur ma tête,

De degrés en degrés j'escalade le faîte.

Arrivé, je choisis un creux dans le granit,

Et m'y plonge, pareil à l'aiglon dans son nid.

Là, des bords évasés de l'étroite cellule,

Mon œil poursuit au loin l'horizon qui recule ;

Là, d'un vaste regard, je domine à la fois

Les collines, les champs, les vallons et les bois.

O charmes du désert ! ivresse de l'espace !

O bonheur d'aspirer dans la brise qui passe
Un sauvage parfum de lavande et de thym!
O silence sacré! si profond, si lointain
Que j'entends sous la nue, à travers la distance,
L'alouette qui monte et chante à Dieu sa stance,
Et que j'entends tout haut retentir dans mon sein
Mon cœur enflé d'extase et d'air suave et sain!

Plusieurs groupes de pins, dont les superbes cimes
S'élèvent jusqu'à moi du penchant des abîmes,
Au vent de la montagne agités par moments,
Me rappellent des mers les longs frémissements.
Bercé par leur musique en ma haute demeure,
A penser, à rêver, je passe heure après heure;
De mes jours écoulés j'aime à me souvenir,
J'aime à sonder surtout le douteux avenir,
A me dire parfois : « Qui sait, dans une année,
Sous quels cieux tu vivras à pareille journée?
Peut-être entendras-tu les véritables voix
Qu'imitent à tes pieds les cimes de ces bois;
Peut-être, au lieu des champs, des monts et des vallées,
N'auras-tu que les mers sous ton œil étalées;
Car, pour mourir un jour sans regrets, sans remords,
Je veux de l'Océan avoir vu les deux bords!

Mon père — que de fois j'écoute avec envie

L'odyssée au long cours du matin de sa vie ! —

Mon père, humble écolier, mais fier navigateur,

Avait, à quatorze ans, vu deux fois l'équateur :

Moi, dont le front déjà penche, mûri par l'âge,

Dois-je, éternel enfant, vieillir dans mon village ?

Mourrai-je, n'ayant vu de l'immense univers

Que les compartiments, jaunes, rouges ou verts,

Dont le doigt d'un Lapie enlumine la carte

Où l'étude m'appelle et d'où l'ennui m'écarte ?

N'irai-je enfin jamais, la brigantine au vent,

Aux pays que mon rêve entrevoit si souvent ?

— J'irai ! souffle un zéphyr, brille une heureuse étoile,

Et, fallût-il partir dans un bateau sans voile,

Je veux, le cœur gonflé d'un émoi solennel,

Rouvrir sur l'Océan le sillon paternel !

Surgissez devant moi, sortez du lit des ondes,

Bords de vingt continents, rives de tous les mondes !

A ma barque, glissant sur le liquide rail,

Montrez-vous, archipels de lave et de corail,

Cyclades dont l'essaim sur la mer se découpe

Comme des fleurs que Dieu fait pleuvoir sur sa coupe ;

Iles que découvraient, au bout de leur élan,

Les Gama, les Quiros, les Cook, les Magellan,

Tous les hardis chercheurs de plages inconnues!
Doux berceaux habités par les peuplades nues,
Dont les filles nageaient au-devant des vaisseaux,
Comme, aux jours fabuleux, les déesses des eaux!
Étalez à mes yeux vos majestés épiques,
Climats éblouissants que chauffent les tropiques!
Groupes de paradis, qu'au hasard Dieu sema
Sur les deux océans qui pressent Panama!
Ouvrez-vous devant moi, forêts vierges encore,
Qu'un luxe primitif d'âge en âge décore,
Savanes où l'on voit courir aux horizons
Les chasseurs illinois poursuivant les bisons!... »

D'un hémisphère à l'autre ainsi ma fantaisie
S'égare; me voilà sur l'océan d'Asie.
Bornéo, Ceylan, Sumatra, Malaca,
Où Dieu sait quel pilote avant tous débarqua,
Me voici dans vos eaux. Salut, jeune Hollande!
Manilles, ouvrez-moi votre épaisse guirlande!
A ma poulaine avide ouvrez-vous, ouvrez-vous,
Nids flottants des Malais, ces bandits à l'œil doux!
Et vous, cités de l'Inde aux pagodes de nacre,
Et toi, golfe divin que le Gange consacre,
Golfe aux îles de fleurs, de rayons et d'oiseaux

Et de perles sans prix fourmillant dans tes eaux ;
Vous tous enfin, vous tous, rivages que féconde
L'astre divinisé qu'idolâtre Golconde,
Qui nagez dans le feu, qui pantelez d'amour
Sous l'éternel baiser que vous darde le jour !

Oh ! vivre un jour aussi de cette vie étrange,
Devenir à mon tour un des hôtes du Gange,
Me plonger au flot clair que le brame bénit,
Dans ce fleuve lustral qui lave et rajeunit !
Et puis voir sur ses bords la vie aux mille formes
Tout prodiguer au loin, plantes, monstres énormes,
Éblouissantes fleurs aux parfums étouffants,
Tigres, serpents, lions, panthères, éléphants,
Moissons de riz, gommiers dont la séve ruisselle,
Mines de diamants dont le sol étincelle,
Autant de bleus saphirs et de rubis en feu
Qu'on en voit scintiller sur le manteau de Dieu !
Et puis interroger la science des sages,
Remonter flot à flot le long torrent des âges,
Voir le jeune Bacchus régnant, le thyrse en main,
Sur ce monde éclatant, berceau du genre humain !
Dans les temples de marbre aux langages occultes,
Feuilleter les vieux jours, leurs histoires, leurs cultes,

Leurs énigmes sans mot, tels que les raconta
L'intarissable auteur du *Mahabharata !*

Et puis, rapsode errant, amonceler moi-même,
Incruster dans les vers d'un splendide poëme
Les trésors, les tableaux, les spectacles sans fin
Découverts en passant, à vol de séraphin !
Et ce livre, inconnu du vieux monde où nous sommes,
D'un geste triomphant le rapporter aux hommes,
Comme autrefois Colomb, poëte surhumain,
Revenait brandissant tout un monde en sa main !

Au bord de mon rocher, nid de ramier sauvage,
Ainsi, de ciel en ciel, de rivage en rivage,
S'élance ma pensée, oiseau qui prend son vol
Et qui ne songe plus à regagner le sol.
Que dis-je ! Que mon œil, alors, par hasard tombe
Sur les frises en fleurs de mon nid qui surplombe,
Et la moindre liane aux frêles boutons d'or
Suffit pour arrêter, pour briser cet essor.
Merveille de fraîcheur dans l'azur balancée,
Elle semble en riant défier ma pensée :
« Tu veux décrire un monde, eh bien, pour l'ébaucher,
Commence donc par moi ! dit la fleur du rocher.
Ingrat, qui veux t'enfuir de la terre natale,

N'as-tu donc point assez des trésors qu'elle étale ?

Que te faut-il de plus pour matière à tes vers?

Vécût-il six mille ans, âge de l'univers,

L'homme n'aurait pas eu le temps de bien connaître

Les splendeurs du sillon où Dieu l'avait fait naître ! »

Tout en se balançant, voilà ce que me dit

La charmante broussaille, et je reste interdit ;

Et mon séjour pensif dans le roc se prolonge.

Il m'arrive parfois d'y faire un autre songe :

Si de l'Est pluvieux s'élève au firmament

La nue aux vastes plis, sombre amoncellement ;

Aux sons inattendus des tonnerres qui grondent,

Si du mont caverneux les vieux échos répondent ;

Si dans mon propre nid, venus en tourbillons,

S'engouffrent coup sur coup les rauques aquilons ;

Sur mon front, obscurci de l'ombre des nuées,

Parfois croyant sentir les roches remuées :

« Pour que ce granit creux m'ensevelît vivant,

Que faudrait-il? me dis-je, — un seul effort du vent !

Qu'arraché de sa base, un quartier de la pierre

Tombât et vînt au seuil murer cette tanière,

Et tout à coup, dans l'antre où s'éteindrait le jour,

Je serais pris au piége, enfermé sans retour!...

Pour le captif, grand Dieu, quelle étrange agonie!

« Oh! dirais-je, oh! du sort effroyable ironie!

« Adieu mes fiers projets de destins vagabonds!

« Adieu mes océans parcourus en trois bonds! »

Cependant, à jamais disparu de la terre,

Ma fin serait pour tous un ténébreux mystère.

Mes amis, étonnés d'un si durable exil,

Diraient : « Farouche ermite, où se dérobe-t-il? »

Sans croix, sans épitaphe, et de tous inconnue,

Ma tombe ne serait que cette roche nue;

Et qui se douterait que l'univers est veuf

D'un autre La Pérouse, écrasé dans son œuf!.. »

VI

EN PANNE

Le vent, depuis trois jours, manque aux voiles oisives
Du navire assoupi sur une mer qui dort.
Tel, qui croyait partir et voguer loin des rives,
S'arrête à quatre pas de la côte et du port.

Las de compter en vain les heures fugitives,
Le capitaine va de bâbord à tribord,
Et, rogue, impatient, fécond en invectives,
Demande au vent muet s'il est tout à fait mort.

Nous, penchés tristement sur le noir bastingage,
Le cœur mal détaché des tendres liaisons,
Nous songeons aux amis laissés à ce rivage.

Ils nous rêvent déjà sous d'autres horizons,

Et ne se doutent pas que, si près de la plage,

Nous regardons encor les toits de leurs maisons!

VII

LES MATELOTS

Souffle, souffle, bon vent ! chasse-nous de la terre,
Fais-nous bien vite fuir le rivage où s'altère
    La fierté du marin.
A nous la haute mer ! à nous le bleu domaine
Où la liberté vogue, où chacun se promène
    En maître souverain !

De grâce, passagers, laissez-nous le pont libre.
Vous qui, du pied nautique ignorant l'équilibre,
    Obstruez le tillac,

Parisiens blafards que le roulis chagrine,

Descendez sous le pont, allez dans la cabine

     Vous étendre au hamac.

Et toi, souffle, bon vent ! Soufflez, brises ailées

Qui nous faites franchir sur les plaines salées

     Tant d'espace en un jour;

Brises qui, sous l'antenne, enflez la voile ronde

Comme un sein palpitant de bayadère blonde

     Qui frissonne d'amour.

Soufflez ! — Transportez-nous d'un hémisphère à l'autre,

Nous qui, sans réclamer d'autre aide que la vôtre,

     Voyageons bravement,

Nous les hardis marins, toujours prompts à l'ouvrage,

Enfants au bras robuste, hommes dont le courage

     Jamais ne se dément.

•

Bercez, bercez encor, sans brutales secousses,

Les cordages tendus dont, matelots et mousses,

     Nous hantons les réseaux;

Bercez-nous sur la vergue entre les voiles blanches,

Comme les bois chargés d'horizontales branches

     Balancent les oiseaux.

Inclinez, inclinez sur la vague poudreuse

Notre svelte vaisseau, dont la carène creuse

     A peine son sillon,

Notre brick si léger, sous sa robe de cuivre,

Que le plus fin voilier se fatigue à poursuivre

     Son joyeux pavillon.

Nous quittons sans chagrin les plaisirs du rivage.

Notre cœur cependant emporte votre image

     Qu'il reverra souvent,

Familles, vieux amis que nous laissons près d'elles!

Et vous maîtresses, vous beautés aux cœurs fidèles...

     Comme l'onde et le vent!

Il est triste parfois, quand le ciel hurle et pleure,

De songer au rivage, à la calme demeure

     Des mères et des sœurs,

Aux nouvelles amours des changeantes maîtresses :

N'importe! l'ouragan et ses âpres caresses

     Ont aussi leurs douceurs!

Habitants des cités, engeance casanière,

A vous le temps qui suit toujours la même ornière,

     L'immobile maison,

L'uniforme repos! — A nous la vie étrange
Qui lutte avec l'abîme, et, d'heure en heure, change
    De face et d'horizon !

Oh ! nous avons le droit de porter haut la tête !
Il est beau de courir à travers la tempête
    Sur un mince vaisseau !
D'unir deux univers, le plus jeune à l'antique !
Il est beau, compagnons, de passer l'Atlantique
    Comme on passe un ruisseau !

D'aller, de découvrir, à travers mille épreuves,
D'autres cieux, d'autres monts, des plages encor neuves,
    Des continents entiers ;
De voir, par intervalle, émerger sous les nues
Quelque île de houris, qui sur les danses nues
    Penche ses cocotiers ;

D'étendre à tout climat nos étapes marines,
De porter nos trésors, nos arts et nos doctrines
    A cent peuples divers,
Et nous, enfants sortis d'écoles peu savantes,
De pouvoir, comme un livre aux sciences vivantes,
    Feuilleter l'univers !

De dire aux nations : « Plus d'intérêts contraires !
De la paix entre vous. ambassadeurs et frères,
       Nous échangeons le vœu.
O peuples ! par nos voix la nature vous crie :
« Vous n'avez qu'un soleil, n'ayez qu'une patrie,
      « Et n'adorez qu'un Dieu ! »

Souffle, souffle, bon vent ! incline sous ses toiles
Notre brick saluant les premières étoiles
      Qu'allume un ciel serein.
A nous la haute mer ! à nous le bleu domaine
Où la liberté vogue, où chacun se promène
      En maître souverain !

VIII

LE CABIN-BOY

1813

> Dans les docks de Londres et de Plymouth ,
> il n'est pas rare de trouver des *Sailors* nés sur
> des vaisseaux. Depuis leur enfance jusqu'à leur
> vieillesse, ils ne sont jamais descendus au
> rivage.
>
> CHATEAUBRIAND.

Le Dieu que je prie

A fait ma patrie

Des flots spacieux;

Je n'ai vu du monde

Que l'azur de l'onde

Et l'azur des cieux.

Dans un vaisseau qui des terres
Fuit toujours le bord lointain,
Sur les vagues solitaires
Je naquis un beau matin.
Le baptême d'une lame
Répandue à triple seau
Vint, dit-on, me laver l'âme
Et le corps dans mon berceau.

On m'a parlé d'une mère
Qui me créa, pauvre et nu :
Sa tombe fut l'onde amère
Trois jours après moi venu.
Ce qu'on appelle une femme,
Est-ce un corps aérien?
Est-ce un nuage, est-ce une âme?
Seul encor, je n'en sais rien.

Ma frégate, dont la quille
Creuse son lit dans les flots,
Semble une immense coquille
D'oiseau sur la mer éclos.
Grandissant dans la tempête
Marin digne d'Albion,

J'eus pour sœur une mouette
Et pour frère un alcyon.

Vers quelque rive qu'elle aille,
Notre flottante prison
Entend des bruits de bataille
Retentir à l'horizon ;
Et chaque souffle qui passe,
Zéphyr ou vent en fureur,
Semble nommer dans l'espace
Napoléon l'empereur !

Pour défendre l'Angleterre,
Arsenal de nos vaisseaux,
Ma belle frégate en guerre
Depuis dix ans tient les eaux :
Et moi, servant un empire
Seulement connu de nom,
Depuis neuf ans je respire
Dans la poudre du canon.

Enfant malgré moi sauvage,
Sur les flots toujours porté,

Je n'ai touché le rivage
D'aucun pays habité.
Que je veille ou que je dorme,
La terre, qui fait songer,
N'a pour moi pas d'autre forme
Qu'un nuage passager.

Parfois, au confin des vagues,
Un continent apparaît;
J'entrevois des formes vagues,
On dit : « C'est une forêt!
C'est un cap! » ou bien encore :
« Des clochers et des maisons! »
Mais bientôt tout s'évapore,
Tout retombe aux horizons!

Les vieux patrons, dans nos veilles,
Me racontent chaque soir
Des prodiges, des merveilles
Qu'un jour enfin j'irai voir;
Puis, couché sur les antennes,
Comme un oiseau sur le vent,
Mille visions lointaines
M'apparaissent en rêvant.

Que de choses inconnues,
Quel monde étrange, inouï,
Songeur bercé dans les nues,
Je vois d'un œil ébloui!
Ah! pour savoir de mon rêve
S'il est fidèle ou s'il ment,
Vienne enfin, vienne la trêve
Suspendre notre armement...

— Ainsi, relevant sa taille,
Chantait l'enfant svelte et blond,
Quand tout à coup la bataille
Fondit encor sur le pont.
Choc funeste au pauvre mousse :
On le vit, près d'un sabord,
Exhaler son âme douce
Et redire dans la mort : —

Le Dieu que je prie
A fait ma patrie
Des flots spacieux;
Je n'ai vu du monde
Que l'azur de l'onde
Et l'azur des cieux.

IX

SELKIRK

A Bristol, sur le quai, le nom de *Lion rouge*
Désigne un lieu connu de tous les gens de mer :
Taverne du nommé Walkins, honnête bouge,
Où l'ale est sans pareille et ne coûte pas cher.

Cent marins attablés trinquent dans un nuage;
On a peine à s'entendre, on a peine à se voir;
On fume, on rit, on joue. — Un grave personnage,
A son heure, à son jour, ici revient s'asseoir.

Il demeure caché six jours de la semaine.
Que fait-il tout ce temps? buveurs, le savez-vous?

Non ; mais chaque dimanche à la nuit le ramène,
Toujours en linge blanc, toujours pensif et doux.

Tête que le malheur plus que le temps fit blanche,
Œil perçant et profond, sous un voile d'ennui.
Chacun l'aime et lui dit : « Bonjour, monsieur Dimanche ! »
Sans oser cependant s'asseoir trop près de lui.

Un soir que dans son angle, un coude sur la table,
Il rêvait, des buveurs écoutant les propos,
Un homme entra, figure étrange, invraisemblable,
Dont l'aspect, un moment, fit négliger les pots.

Contre toutes les lois de la saine coutume
L'habit du nouvel hôte effrontément péchait :
Il portait un chapeau moitié jonc, moitié plume,
Et la peau d'une chèvre à son dos s'attachait.

Il avait nom Selkirk ; à peine gazouillée,
Sa langue n'avait rien du rudiment saxon :
Était-ce un bruit du vent à travers la feuillée ?
De quelque oiseau des bois était-ce la chanson ?

Quand il fut mieux compris enfin de l'auditoire
(Toute langue est bientôt familière aux marins),

Il prit place à la table et conta son histoire,
Non sans mentir un peu... voilà ce que je crains.

Dans l'Océan du Sud, orageuse étendue,
Il avait, disait-il, vécu sept ans entiers,
Matelot naufragé, créature perdue,
Sur un îlot désert, planté de cocotiers.

Quel secret fut le sien pour vaincre la nature ?
Il priait le Seigneur, son unique témoin,
Demandait au travail l'habit et la pâture,
Et trouvait le génie à force de besoin...

Ainsi parlait cet homme, et soudain le vieux sage
Sentait courir en lui je ne sais quel frisson...
Lève le front, Selkirk ! réjouis-toi, sauvage :
Tu vivras immortel... tu seras Robinson[1] !

1. Daniel de Foe rencontra dans une taverne d'Angleterre, où il était connu sous le nom de M. Dimanche, un matelot dont l'histoire devint sous sa plume celle de *Robinson*.

X

LA VACHE

Nous avions sur le pont, durant ce long voyage,
Une vache au flanc roux qui, de son pur laitage,
Abreuvait une femme et deux enfants jumeaux,
Bercés dans un hamac par le roulis des eaux.
Du vaste azur des mers partout environnée,
Elle voguait pensive, inquiète, étonnée.
Morne, elle regrettait, sur le plancher mouvant,
La plaine qui jamais n'ondule sous le vent,
Et les gazons connus, vert tapis de la terre.
C'était pitié de voir son chagrin solitaire...
Après quarante jours de deuil silencieux,
D'une clameur sonore elle frappa les cieux,

Tressaillit, dilata son épaisse narine,

Et respira le vent de toute sa poitrine.

Les matelots soudain gravirent au hunier.

« Que voit-on de là-haut ? cria le timonier.

— Rien, lui répondit-on ; pas de côte entrevue. »

Qu'importe à l'instinct sûr qui devance la vue ?

O terre encor lointaine ! en son pressentiment,

Elle te saluait de ce mugissement.

XI

PROMENADE

Vous qu'à mon côté ma barque balance,
Regardez là-haut ce firmament bleu,
Magnifique espace où l'âme s'élance
Et monte en chantant jusqu'aux pieds de Dieu !

Vous qu'à mon côté berce ma nacelle,
Regardez au loin l'Océan d'azur,
Bassin dont l'eau vive au jour étincelle,
Grand comme le ciel et comme lui pur !

Mer et firmament ! délices de l'âme !
Rien, par un beau jour, n'est meilleur à voir,

Si ce n'est — brillant d'une humide flamme —
Entre ses longs cils votre grand œil noir !

Votre œil qui me tient muet sous le charme,
S'il fixe sur moi son joyeux éclair,
Ou bien s'il me fait voir dans une larme
Une âme profonde autant que la mer !

XII

VOYAGE AU POLE ARCTIQUE

A travers le damas de sa fenêtre close,
Un rayon pénétrait, un rayon tiède et rose ;
Il dorait son alcôve aux murs de blanc satin.
Elle se souleva du chevet de dentelle,
Et l'œil sur le cadran : « Midi ! murmura-t-elle,
Midi ! pour se lever, c'est encor bien matin. »

Enfant qu'on admirait entre les plus gentilles,
Elle avait vu le jour sous le ciel des Antilles ;
Elle rêvait souvent au natal horizon,
Et disait de Paris : « C'est une ville obscure
Où l'emploi du soleil est une sinécure ! »
En quoi je lui donnais plus d'une fois raison.

Oisive et nonchalante et frileuse créole,

Son pays n'avait pas de fleur dont la corolle

Se livrât plus heureuse au baiser du printemps.

Souvenirs du berceau, toutes ses causeries

N'étaient qu'un long tissu de lianes fleuries,

De palmiers, de rayons et d'oiseaux éclatants.

Ce jour-là, prolongeant sans fin la matinée,

Et sur son coude nu mollement inclinée,

Qu'elle était belle à voir de grâce et d'abandon !

Or, comme son esprit flottait à l'aventure,

Elle fit onduler du pied sa couverture,

Et me dit : « Savez-vous où l'on prend l'édredon?

— Loin, bien loin de l'alcôve où vous aimez à vivre !

Lui répondis-je ; enfant, si vous daignez me suivre,

Vous apprendrez d'où vient ce paresseux duvet.

— Je vous suivrai partout, fût-ce aux confins du monde,

Me dit-elle, pourvu que, par terre ou sur l'onde,

Je voyage en rêvant, sans quitter mon chevet.

—Le système est prudent.—Vous l'approuvez?—Sans doute.

— Je vous suis donc. — Eh bien, ma voyageuse, en route!

Adieu la France! adieu trente peuples divers!
Par delà tous les champs qu'une moisson décore,
Au Nord, toujours au Nord, courons, courons encore,
Et ne nous arrêtons qu'où finit l'univers.

O sœur des blancs jasmins que Paris tient en serre!
O sœur des colibris, dont l'aile se resserre
Loin des étés sans fin du Tropique enflammé!
Qu'allez-vous devenir sous cette horrible zone,
Où l'éternel hiver lui-même s'emprisonne
Dans le cercle de glace autour de lui fermé?

Là périt toute fleur, là meurt toute verdure :
Rien qu'une région blafarde, ingrate, dure,
Que des monts sans feuillage et des cieux sans flambeaux.
Accroupi dans la brume où tout rayon s'émousse,
Là, le monde transit sous un reste de mousse,
Comme un vieux mendiant sous ses derniers lambeaux.

Là, de ses doigts roidis et pris de moisissure,
Le temps laisse tomber l'instrument qui mesure
Les pas alternatifs des jours et des saisons ;
Et son calcul se brise, et, quand une journée,

Six mois, aux bords du ciel s'est lourdement traînée,
Une nuit de six mois croupit aux horizons.

Formidables déserts ! solitudes sans borne !
Sous le firmament noir et sur l'Océan morne,
Rien que les récifs blancs aux sommets anguleux ;
Rien que les archipels dont les dents amincies
Se hérissent en dards, se découpent en scies,
Et déchirent de l'air le manteau nébuleux.

A voir plonger au ciel ces roches boréales,
On dirait les clochers des vieilles cathédrales.
La neige ceint partout leurs pics étincelants ;
Elle y ruisselle à flots, à leurs pentes s'attache,
Et montre avec orgueil, pure de toute tache,
Une virginité vieille de six mille ans !

— C'est beaucoup, dit la belle, et c'est digne d'hommage !
Mais poursuivons toujours notre pèlerinage :
Il est fort instructif, s'il n'est pas des plus doux.
Laissez-moi seulement, crainte de quelque rhume,
De l'édredon sur moi faire affluer la plume...
A propos d'édredon, quand m'en parlerez-vous ? »
Et je continuai : « Ces sinistres parages,

Ces flots bouleversés par d'incessants orages,

A l'homme cependant ne sont point interdits.

Du commerce et des arts sublime mandataire,

Il y vient ! son navire explore, solitaire.

Les suprêmes horreurs des océans maudits.

C'est le puissant vaisseau d'une nation reine,

Qui de cuivre ou de zinc a doublé sa carène,

Qui de chêne et de bronze a charpenté ses ponts.

Que dis-je ! c'est souvent l'esquif qui se lézarde,

La coquille de noix qu'en pleine mer hasarde

Le pêcheur de Bell-Sund et des golfes lapons.

Que vont-ils demander aux homicides grèves ?

L'un poursuit un passage entrevu dans ses rêves,

Un monde à conquérir, une île sans drapeaux.

L'autre cherche un butin pour sa pauvre famille.

Il vient livrer combat sur la mer qui fourmille

De tortueux dragons rassemblés en troupeaux.

Combats herculéens ! Iliade inconnue,

Qui n'a pour spectateurs que le gouffre et la nue !

L'homme accourt, agitant un mince javelot ;

Il vient, chétif lutteur, confiant dans sa force,

Attaquer la baleine, et le phoque, et le morse,
Tous les monstres jaloux du rivage et du flot.

Hélas ! combien de fois, hérissés de colères,
Ces mugissants gardiens des cavernes polaires
N'ont-ils pas, à leur tour, fondu sur l'agresseur !
Combien de fois l'ours blanc, sorti de léthargie,
N'a-t-il pas dispersé, sur la glace rougie,
Les lambeaux de la barque avec ceux du chasseur !

— Quand aurons-nous fini ce voyage farouche ?
Balbutia l'enfant, qui tremblait dans sa couche :
Je grelotte d'horreur dans ce pays malsain. —
Puis, une fois encor, des replis de sa housse,
Elle drapa sa hanche et son épaule douce,
Et plongea son menton dans les lis de son sein.

Et dans cette attitude onduleuse, arrondie,
C'était une couleuvre, en hiver engourdie,
Qui, sous l'abri d'un mur, se replie en cerceau.
« Encore un seul regard sur la rive neigeuse,
Et je ramène au port, dis-je à la voyageuse,
Ce lit, cet heureux lit qui vous sert de vaisseau.
De ces îlots glacés, de ces arides côtes,

Les monstres de la mer ne sont pas les seuls hôtes :
Un commensal aimable apparaît non loin d'eux.
Dans toute œuvre de Dieu que l'œil de l'homme embrasse,
Même au sein de l'horreur il retrouve la grâce :
Il rencontre l'eider près du phoque hideux.

L'eider, hôte béni des frontières du globe !
L'eider, oiseau charmant par l'instinct et la robe ;
Chaste comme l'hiver, doux comme le printemps.
Il suspend ses amours sur l'onde hyperborée,
Et mêle sa chanson doucement éplorée
Au fracas de la houle et des glaçons flottants.

Puis, quand il a construit, dans le pli de la roche,
Un nid qui de la mer peut défier l'approche,
Il y vient déposer les fruits de ses amours ;
Et, pour les préserver de la bise marine,
La mère avec son bec dépouille sa poitrine,
Et leur fait un tapis de caressant velours.

Sur la couvée, alors, l'homme accourt et la pille.
Malgré les cris aigus de la tendre famille,
Il accomplit sans cœur son précieux larcin ;
Et le soyeux duvet qu'il emporte avec joie

Est ce même édredon qui s'enfle dans la soie,
Et sur vos pieds mignons s'arrondit en coussin.

— Détestable voleur ! puisse Dieu le confondre ! »
Dit l'enfant indignée. Et moi de lui répondre :
« D'un rude châtiment bien souvent Dieu l'atteint.
Que de fois sa nacelle, au pôle dirigée,
S'arrête tout à coup, immobile et figée,
Dans un réseau de glace où tout espoir s'éteint !

O sort des prisonniers dont le pôle s'empare !
Destins des matelots que du monde il sépare,
Qui, dans leurs cachots blancs, vivent et meurent seuls !
Captivité lugubre ! éternité passée
A ne voir qu'une mer de toutes parts glacée,
Et qu'un ciel déployant sur eux ses noirs linceuls !

A n'entendre dans l'air que la plainte éternelle
Du sinistre aquilon, qui roule dans son aile
Les lumbs et les pingouins aux cris durs et discords ;
A ne sentir, auprès du vain tison qui brûle,
Que ce froid boréal dont l'ardeur coagule
Le vin dans les tonneaux et le sang dans les corps !
— Arrêtez ! arrêtez ! dit l'enfant éperdue ;

Dans quel climat affreux m'avez-vous donc perdue ?

Toujours devant les yeux j'aurai son horizon.

Je crains bien, si j'entr'ouvre aujourd'hui ma croisée,

De ne voir qu'une mer au loin cristallisée,

Et peut-être un ours blanc au seuil de ma maison ! »

Et j'ouvris la fenêtre ; et, sur la ville heureuse,

Un ciel chaud répandait sa clarté généreuse.

Nous étions en avril, au réveil des beaux jours ;

L'air était sans nuage, et limpide et sonore :

Nous étions en avril, au mois qui fait éclore

Tant de fleurs dans les prés, dans les cœurs tant d'amours !

Et les oiseaux chantaient sur la terrasse verte ;

Et les lilas, voisins de la croisée ouverte,

Mêlaient de doux parfums à de douces chansons.

Tout semblait au dehors inviter l'indolente,

Qui dans ses cheveux noirs passait une main lente,

En me disant : « Je crains d'y trouver des glaçons ! »

XIII

FALAISES DE NORMANDIE

— Voulez-vous de la mer saluer un miracle,
Disait-il ; voulez-vous contempler un spectacle
Digne d'être chanté dans un vers éloquent ?
Partez un jour, gagnez les côtes de Fécamp ;
Sur la grève en talus que le flot escalade,
Allez voir Étretat, maritime peuplade,
Assise obscurément sur les mêmes galets
Où la Gaule romaine eut son dernier relais.
Choisissez l'équinoxe : au printemps, à l'automne.
Octobre, quand j'y fus, chargeait son ciel qui tonne.
C'est alors que la mer, à ses plus bas niveaux,
Livre à l'explorateur l'accès de ses caveaux.

Au pied du terrain blanc des normandes falaises,

Murailles qui font face aux murailles anglaises,

Mille creux sont ouverts, qui, de leur seuil béant,

Absorbent chaque jour et rendent l'Océan.

Aux heures où le flot, que le reflux emporte,

De ces antres vidés abandonne la porte,

Descendez au rivage, et, longeant sa paroi,

Entrez : l'étonnement est presque de l'effroi !

Là, se dérouleront devant vous des arcades,

Des voûtes, d'où les eaux retombent en cascades,

Des grottes dont les blocs, minés et crevassés,

Pendent affreusement sur vos fronts menacés.

Marchez toujours : la roche aux assises énormes

Affecte des aspects, des caprices, des formes

Tels que le voyageur se demande, surpris,

S'il n'a point dans un songe égaré ses esprits.

« Quelles sont, pense-t-il, ces triomphales arches ?

A quelle nécropole aboutissent ces marches ?

Va-t-on par ces degrés au fond des cachots noirs

Que les rois féodaux creusaient sous leurs manoirs ?

Une arène m'invite à ses bancs circulaires :

Rome eut-elle en ce lieu des fêtes consulaires ?

Ses combats de lions et de gladiateurs

Avaient-ils sur ce bord les flots pour spectateurs ?

Par intervalle, un bruit sort des cavités sombres :

Est-ce un bruit d'eau qui pleure? est-ce le chœur des ombres?

Est-ce une voix des morts qui sort de ce rocher

Pour dire aux matelots : « Gardez-vous d'approcher? »

Images, souvenirs, assiégent la pensée.

On est pris par moments d'une peur insensée ;

Une forme entrevue, un rien, une ombre, un son,

Fait courir sur la peau le rapide frisson.

Il semble qu'à vos yeux quelque pâle fantôme,

Quelque affreux gardien du ténébreux royaume,

D'un de ces soupiraux va surgir lentement

Et du seuil interdit venger l'empiétement.

Il semble qu'on verra, d'un de ces vomitoires,

Sortir une panthère aux sanglantes mâchoires,

Ou qu'un vautour immense, échappé de sa nuit,

Va secouer sur vous ses ailes à grand bruit.

Par qui furent créés ces étranges dédales ?

Qui façonna leurs murs, leurs pilastres, leurs dalles ?

C'est la mer ! l'Océan est leur unique auteur ;

Il en fut l'architecte, il en fut le sculpteur.

Il conçut le chef-d'œuvre et l'accomplit dans l'ombre.

Ce que n'eussent point fait, durant des jours sans nombre,

Un peuple d'ouvriers armés de leurs ciseaux,

Fut un facile jeu pour la lime des eaux.

Admirez le travail de l'onde créatrice :

De l'ensemble aux détails explorez l'édifice.

Mais dans ses profondeurs n'attardez point vos pas,

Car le flux a son heure, et le flux n'attend pas.

Ce n'est pas le lion, ce n'est pas la panthère

Qui soudain bondira d'un porche solitaire ;

Le flot, mieux qu'un lion, s'élancera sur vous.

Le flot de ce domaine est le maître jaloux.

Malheur aux imprudents surpris par la marée !

L'Océan est plus prompt que leur course effarée.

Combien d'infortunés qui, dans les antres sourds,

Épuisèrent leur voix à crier au secours !

Leur mort a défrayé les sinistres légendes

Qu'on répète, le soir, sur les côtes normandes.

Les pêcheurs d'Étretat, de Dieppe, de Honfleur,

Vous les raconteront, et jamais sans pâleur ;

Ils diront les amants avec leurs fiancées,

La veille de l'hymen, pris par les eaux glacees,

Les enfants disputés aux parents accourus,

Et, du creux des rochers, les mânes apparus !

Sortez donc, prévenez l'inexorable lame,

Sortez ! mais un regret alors vous saisit l'âme,

Quand l'onde a reconquis ses sinueux palais.

Quels y sont ses replis, ses luttes, ses reflets ?

A travers les échos des voûtes infinies,

Quelles sont ses rumeurs, ses voix, ses harmonies ?

Sur quels tons la caverne et le flot souterrain

Chantent-ils, dans la nuit, leur éternel refrain ?...

A moins d'être un de ceux qui, d'épouvante hâves,

Par l'Océan surpris, sont restés dans ses caves,

Arcanes de ces bords, comment vous raconter !

Mystérieux concerts, comment vous répéter ! —

L'homme qui nous tenait ce discours plein de flamme

Porte un des plus beaux noms que la gloire proclame.

Il nous avait reçus, artiste hospitalier,

Au milieu des splendeurs de l'intime atelier,

Sanctuaire sacré de peinture émouvante !

Et sa parole avait cette chaleur vivante,

Elle avait ces éclairs prodigués tant de fois

Dans les tableaux qu'il signe : Eugène Delacroix !

XIV

BRAVADE

A guisa di leon quando si posa.
DANTE.

« A quoi songes-tu donc de t'engourdir ainsi ?
Serais-tu, disait-elle, à ce point radouci,
    Géant qu'on nous peint si farouche ?
Depuis bientôt un mois, à quoi donc penses-tu
D'être là, somnolent, de languir abattu
    Comme un malade dans sa couche ?

Ce n'est pas pour te voir croupir honteusement
Sur des bords sans écume et sans tressaillement
    Que j'ai quitté Paris en joie,
Mon salon, mes amis, le bal où je brillais,

Et que je vins si loin meurtrir sur les galets
    Mon petit pied chaussé de soie.

Non pas; je demandais — un caprice est permis —
Le spectacle des flots irrités, insoumis,
    L'onde sublime de colère.
Alerte ! c'est dormir assez, roi fainéant !
Étale tes horreurs, formidable Océan !
    Déchaîne-toi pour me complaire !... »

Elle parlait ainsi, la belle aux cheveux d'or ;
Et l'Océan dormait : ce n'était pas encor
    Cette voix qui le ressuscite.
Il dormait, il gardait le calme souverain
Du roi lion qui rêve en sa cage d'airain
    Tandis qu'un faible enfant l'excite.

A travers les barreaux, le téméraire enfant
Pousse un roseau fragile, et, d'un air triomphant,
    Atteint le monstre qui repose.
Le lion le regarde, insensible à ce jeu.
Il ne lui convient pas de quitter pour si peu
    Sa somnolence grandiose !

XV

LE PHARE

Au milieu des brisants où le flot tourbillonne,
Le phare vers la nue élève sa colonne.
Pilier de blocs massifs qu'unit un dur ciment,
Il surgit, solitaire, ainsi qu'un monument.
Des vagues à ses pieds la fureur se déchaîne :
On dirait que la mer assiége de sa haine
Cette tour qui, montrant le péril aux vaisseaux,
La frustre d'un butin convoité par ses eaux.
Le soir vient, l'horizon s'efface dans la brume :
Sur la tour, aussitôt, le fanal se rallume ;
Avant même qu'au ciel une étoile ait relui,
Un astre éclaire l'onde, et cet astre, c'est lui !...

Foyer de vifs rayons dont la lueur éclate,

Il enflamme les airs d'une teinte écarlate ;

Et, sur l'Océan noir, son reflet projeté

Semble un chemin de feu par la houle agité.

Averti des écueils dont ce bord se hérisse,

Le navire alors cherche une onde plus propice ;

Il veille à sa manœuvre, et, le long du canal,

Rend grâce en le fuyant au lumineux fanal.

Des nochers en péril ce guide manifeste

A d'autres voyageurs sera pourtant funeste.

Il en est qui par lui sont pris en trahison :

Ceux-là sont les oiseaux bercés à l'horizon,

Ce sont les passagers du vent et de la nue.

La saison froide et triste étant déjà venue,

En colonne, en triangle, ils traversaient les airs,

Cherchant au loin des cieux plus tièdes et plus clairs.

Voilà qu'au bord des flots l'ardent soleil du phare

Brille, et dans leur essor les trouble et les égare.

Eux qui des cieux profonds savent chaque sentier,

Qui firent sans erreur le tour du globe entier,

Pour la première fois suspendus par le doute,

Se laissent détourner de l'infaillible route ;

Ils veulent de plus près, dans l'ombre de la nuit,

Voir l'étrange soleil dont l'éclat les séduit.

Ainsi que dans un champ, par troupes inquiètes.

Descendent au miroir les jeunes alouettes;

Comme le papillon, si fragile et si beau,

S'abandonne le soir à l'attrait du flambeau,

Ils viennent par essaims ; — ramiers blancs comme neige,

Pluviers, cailles, vanneaux, ils s'approchent du piége :

Fascinés, éblouis, ils tournent ; je les vois

Autour du haut fanal voler tous à la fois.

En vain contre le charme ils résistent encore ;

Dans le rayonnement de la sinistre aurore,

Ils sont pris de vertige... hélas ! et tour à tour

Se brisent dans leur chute aux pierres de la tour.

Et la mer les saisit de ses promptes écumes;

Et, flocons dispersés, le vent sème leurs plumes;

Et le cri douloureux des blessés convulsifs

Se mêle au sourd fracas des flots dans les récifs.

Oiseaux infortunés ! là-haut, près des nuages,

Vous poursuiviez en paix vos éternels voyages.

Conduits par un instinct si rarement déçu,

Au soleil véritable et d'avance aperçu

Vous alliez confiants : les palmiers, les fontaines,

Les nids, vous appelaient aux régions lointaines.

Vous ne les verrez pas ; séduits par un faux jour,

Vous ne connaîtrez plus ni le ciel ni l'amour !

Hélas ! telle est du sort la cruelle ironie :

On entrevoit de loin quelque sphère bénie ;

Plein des rêves sacrés du sage ou de l'amant,

Vers un but radieux on s'envole ardemment,

Et l'on meurt en chemin, et l'on tombe victime

D'un rayon qui vous ment et vous jette à l'abîme !

XVI

LE FEU D'ÉPAVES

A LONGFELLOW

La maison du pêcheur, qui près du flot s'élève,
Entre ses murs étroits nous avait accueillis.
C'était l'heure du soir, l'heure propice au rêve.
La mer, sous une brise, arrivait à la grève
    En doux et larges plis.

A travers la croisée ouverte sur la plage,
L'œil distinguait non loin, — silencieux tableau, —
Des arbres dont l'automne émondait le feuillage,
L'ancien phare, la tour, et les murs d'un village
    Qui s'avance dans l'eau.

C'était aux jours d'octobre, et quoiqu'à la fenêtre

Le vent qui se jouait n'annonçât point l'hiver,

Nous avions au foyer, sans y songer peut-être,

Allumé quelque bois de vieux chêne ou de hêtre...

   Épaves de la mer.

Et, l'œil sur ces tisons, nous causions à voix basse

De l'Océan voisin, du flux et du reflux,

Des marins en péril que la tourmente chasse,

Du vaisseau démâté qu'on hèle dans l'espace

   Et qui ne répond plus.

Poursuivant au hasard le fil des rêveries,

Nous parlions, à leur tour, des naufrages du sort,

Des croyances en deuil par le siècle meurtries,

Et des amours éteints, — et des âmes flétries,

   Dont le doute est la mort.

Sous les obscurs lambris teints d'une lueur sombre,

L'oreille aux bruits du soir vaguement entendus,

Chacun de nous semblait aux yeux de l'autre une ombre ;

Et, toujours plus songeurs, nous repassions le nombre

   De nos printemps perdus.

« Les choses de la vie au néant emportées
Sont mornes à revoir aux pâleurs de la nuit.
Laissons-les, vous disais-je, où Dieu les a jetées.
De la mémoire, à deux, les pages feuilletées
    Rendent un triste bruit ! »

Les tisons, à nos pieds, fumaient à peine encore ;
Le jour dans un nuage expirait au couchant.
Alors, sur le galet que son reflet colore,
Une femme passa, qui, de sa voix sonore,
    Chantait un divin chant.

Étrangère aux grands yeux, de race italienne,
Elle se détachait sur la pourpre du soir ;
Légère, elle passait et, sans reprendre haleine,
Elle chantait ce chant de la vie encor pleine
    De rêves et d'espoir.

Et dans l'âtre, soudain, des épaves en cendre
Un dernier feu jaillit comme une langue d'or.
Et tous deux, en nous-même heureux de redescendre,
Nous sentîmes aussi que nos cœurs pouvaient rendre
    Une étincelle encor !

XVII

TEMPÊTE

Tout regard se perd, tant la brume est noire ;
Je ne vis jamais une telle nuit :
Au sein du néant je pourrais me croire,
Si je n'entendais un immense bruit.

Cette voix, ô mer, c'est ta voix qui tonne
Sur l'écueil voisin chargé de galets,
Tandis que le vent, le grand vent d'automne,
Fait craquer mon toit et bat mes volets.

Aquilon lugubre, incessante lame,
Oh ! je vous sais gré de hurler ainsi !
Vous traduisez bien ce que j'ai dans l'âme.
Merci, vent d'automne ! Océan, merci !

XVIII

LES NAUFRAGÉS

De profundis clamavi.

Novembre déroulait un crêpe sur nos fronts;
C'était son second jour, le jour où nous pleurons
  Les âmes que la tombe enserre,
Le jour où les autels se tendent du drap noir,
Et dont tous les clochers sonnent, de l'aube au soir,
  Le lamentable anniversaire.

A tous mes morts chéris quand j'eus donné des pleurs;
Quand j'eus renouvelé la couronne de fleurs
  Qui pend à leurs croix inclinées,

Je vins errer, le soir, au rivage désert,

Et j'écoutai longtemps le lugubre concert

    Des flots sur les grèves minées.

Or, tandis qu'un vent lourd amoncelait au bord

Les vagues, que la mer lançait avec effort

    En se hâtant de les reprendre,

Dans leur tumulte immense où tout bruit se confond,

Dans le gémissement de l'abîme sans fond,

    Voici ce que je crus entendre :

« O vous, pieux vivants, qui rendez en ce jour

Un solennel tribut de regrets et d'amour

    Aux exilés de votre monde,

Vous qui songez aux morts sous la terre étendus,

Donnez un souvenir à ceux qui sont perdus

    Sous les eaux de la mer profonde !

» Eh quoi ! pour n'être pas enfouis dans vos champs,

Vous avons-nous laissé des regrets moins touchants,

    Des sources de pleurs moins amères ?

N'avions-nous pas aussi notre place entre vous ?

N'étions-nous pas vos fils, vos frères, vos époux,

    O frères ! ô femmes ! ô mères !

» Des tranquilles foyers qui nous virent enfants
Nous partîmes un jour. Nous allions triomphants,
          Nous rêvions conquêtes lointaines,
Mondes à découvrir aux limites des flots.
« Au revoir, dîmes-nous ; nous partons matelots,
          » Vous nous reverrez capitaines!

» Nous reviendrons vers vous les deux mains pleines d'or:
» Les uns, devant l'autel, jeunes et beaux encor,
          » Épouseront leurs bien-aimées;
» Les autres, parvenus à l'arrière-saison,
» Vieilliront au soleil qui devant leur maison
          » Dore les treilles parfumées.

» Redescendus enfin de la mer et du vent,
» Ils te retrouveront, trésor pleuré souvent,
          » Saint repos des vieilles familles!
» Sous la tente accrochée aux souples tamarins,
» Ils verront, le dimanche, au son des tambourins,
          » Danser en rond les brunes filles! »

» C'était là notre espoir; que sont-ils devenus,
Ces souhaits du départ, ces rêves ingénus,
          Ces projets riches d'imposture?

C'était là notre espoir, et voilà qu'aujourd'hui,
Roulé par l'ouragan, le flot roule avec lui
        Nos pauvres corps sans sépulture.

» Plaignez-nous! le destin fut pour nous bien amer :
O misère! vivants avoir couru la mer
        Vingt fois de l'un à l'autre pôle,
Usé dans la tempête et ses jours et ses nuits,
Connu tous les labeurs, subi tous les ennuis
        Dont le fardeau courbe l'épaule ;

» Avoir livré bataille à tous les éléments ;
Avoir souffert la faim, la soif, tous les tourments,
        Toutes les lentes agonies ;
Être morts dans la glace, être morts dans le feu,
Et n'avoir même pas, pour y dormir un peu,
        Un sillon des terres bénies!

» Heureux, bienheureux ceux que la mort a surpris
Dans le foyer natal, près des parents chéris
        Dont la main ferma leurs paupières;
Ceux qu'on enveloppa dans un linceul de lin,
Et qui furent couchés par un groupe orphelin
        Sous le gazon des cimetières!

» Ceux-là sur leur tombeau, quand revient le printemps,
Ont des gerbes de fleurs, ont des rayons flottants
  Et des vols de blanches colombes.
Ceux-là, dans un sommeil qui n'est pas sans douceurs,
Reconnaissent le pas des mères et des sœurs
  Qui viennent prier sur leurs tombes.

» Heureux ceux qui, touchant le prix de leurs travaux,
Furent ensevelis dans l'ombre des caveaux
  De leurs cathédrales antiques!
Ils dorment parfumés de l'encens des autels;
Ils reposent sous l'œil des patrons immortels,
  Au son de l'orgue et des cantiques.

» Bienheureux tous ces morts! Nous, hélas! nus et seuls,
Dépouilles sans honneurs, nous n'avons ni linceuls,
  Ni croix, ni prières, ni tombes.
Nous, avec nos vaisseaux, malheureux naufragés,
Nous fûmes tout à coup, pêle-mêle, plongés
  Dans les liquides catacombes.

» Heure affreuse! les uns virent les océans,
Dans une sombre nuit, s'ouvrir, gouffres béants,
  Sous leurs nefs par l'écueil brisées.

Les autres, par le feu soudainement surpris,
Dans les fumantes eaux sombrèrent à grands cris
    Sous leurs voilures embrasées.

» Héroïques soldats dont nul n'a su les noms,
Combien qui sont tombés sous le feu des canons
    Pointés par les flottes rivales,
Quand les vaisseaux des rois, trouant leurs flancs d'airain,
Se disputaient entre eux, au champ d'honneur marin,
    Le prix des victoires navales !

» Aux mers de l'Équateur par l'ouragan détruits,
Combien, sur des radeaux à tout hasard construits,
    Se précipitèrent en foule !
Scènes d'horreur ! combats ! exécrables festins,
Qui font aux survivants maudire leurs destins !
    Souvenirs que l'effroi refoule !

» Oh ! qui raconterait tant de diverses morts !
En vain nos bras tendus gagnaient avec efforts
    L'abri des côtes et des havres ;
Il fallut retomber, lutteurs bientôt lassés,
Au fond de cette mer qui, sans cesse entassés,
    Couche cadavres sur cadavres.

» Là-bas, flux et reflux et rapides courants

Promènent désormais les morts, toujours errants

    Du pôle arctique à l'autre pôle;

Bras roidis, fronts pendants qui retombent toujours,

Nous allons, charriés à tous les carrefours

    De l'aquatique nécropole.

» Plaignez-nous! plaignez-nous! c'est là que nous dormons

Sur un lit de varech, d'algues, de goëmons,

    De débris de tous les rivages,

Au fond de cet abîme où s'élève en monceaux

Tout ce qu'ont englouti sous les pesantes eaux

    Soixante siècles de naufrages :

» Royaumes de la nuit que seuls nous connaissons,

Profondeurs où les corps, pénétrés de frissons,

    Boivent le froid par tous les pores;

De l'enfer maritime horribles cavités,

Où l'éternel roulis brise nos fronts heurtés

    Au flanc durci des madrépores.

» Là, sur le lit fangeux de ces bas-fonds obscurs,

Les êtres les plus lourds, les plus froids, les plus durs,

    Vivent l'universelle vie;

Le stupide corail lui-même vit un peu :
La féconde chaleur du grand foyer de Dieu
    A nos membres seuls est ravie !

» Près de nous, par troupeaux que nul n'a dénombrés,
Passent dragons squammeux, phoques, chiens azurés,
    Qui vont partout cherchant leurs proies.
Les morts les plus glacés tressaillent cependant,
Ils revivent d'horreur quand ils sentent la dent
    Des milandres et des lamproies.

» Oh ! ne sachez jamais les formes et les noms
De ces monstres, armés de dards et de fanons
    Et cuirassés d'écailles glauques :
Oh! ne sachez jamais ce qu'on entend là-bas,
Quand ils viennent entre eux se ruer aux combats
    Avec des mugissements rauques !

» Et pas un seul rayon du soleil qui vous luit !
Quelque méduse à peine éclaire notre nuit
    De sa lumineuse spirale.
Dieu fait-il rayonner cet astre au sein des mers
Pour que les morts, du moins, dans leurs tombeaux amers
    Aient une lampe sépulcrale ?

» Plaignez-nous! plaignez-nous, ô nos frères vivants,
Qui restez, loin des flots, des écueils et des vents,

  Au doux foyer de la famille;

Dans la saison d'hiver, vous qui venez, le soir,
Sous l'âtre hospitalier en cercle vous asseoir

  Devant le sarment qui petille.

» Villageois casaniers! paysans, laboureurs!
Vous qui de l'aquilon méprisez les fureurs,

  Vos blés une fois dans les granges :

Vous qui vous endormez à ses vaines chansons,
En rêvant pour l'été d'opulentes moissons

  Et de radieuses vendanges.

» Ah! pouvions-nous prévoir, quand nous sommes partis,
Que nous serions, hélas! loin de vous engloutis

  Sous l'épais linceul des eaux noires;

Et que les souvenirs que nous avions laissés,
Plus vite que des mots sur le sable tracés,

  Seraient rayés de vos mémoires !

» Aujourd'hui, jour des morts, au moins songez à nous,
Vivants, en notre nom fléchissez les genoux;

  Qu'un zèle pieux vous anime !

Imploré par vos voix, que le Dieu des pardons
Nous accorde la paix que nous lui demandons
    Vainement du fond de l'abîme !... »

Le front dans les deux mains, et penché vers les flots,
Ainsi je recueillais les cris et les sanglots
    Qui montaient de leur gouffre morne,
Tandis que ces flots noirs, moutonnés par les vents,
Ondulaient, comme autant de sépulcres mouvants,
    Au-dessus de la mer sans borne !

XIX

MIGRATIONS

Nos patriam fugimus.

VIRGILE.

Le navire à son flanc met l'escalier mobile.
Il attend près du môle, en dehors de la ville,
Les hôtes inconnus qui, rangés sous ses mâts,
S'en iront, dès ce soir, vers de lointains climats.
Le long du quai bruyant où s'alignent les poupes,
Ils arrivent en hâte et réunis par groupes.
Étranges voyageurs! Les destins peu cléments
Ont tout flétri sur eux, visage et vêtements.
Leur misère s'aggrave au poids de la fatigue :
Tel d'entre eux, épuisé, tombe assis sur la digue.
Leurs yeux éteints, leurs fronts chargés de lourds ennuis,
Disent qu'ils ont marché bien des jours, bien des nuits.

Sous la pluie et le vent, sous les soleils de flamme,

La souffrance à la fois dans le corps et dans l'âme,

Pêle-mêle, ils allaient; ils traînaient par la main

Des enfants demi-nus qui pleuraient en chemin.

Leurs femmes les suivaient, pâles, plusieurs d'entre elles

Portant des nourrissons pendus à leurs seins grêles.

Aux angles de la route ils lisaient l'écriteau;

Ils s'arrêtaient, parfois, au portail d'un château,

Et voyaient, à travers le réseau de la grille,

Errer dans les gazons quelque riche famille.

Dans un champ, dans un pré, s'ils distinguaient de loin

Des fermiers recueillant leurs gerbes ou leur foin:

« Heureux ceux, pensaient-ils, que fait vivre un domaine

Où ne manque jamais le pain de la semaine ! »

Eux, par la rude faim dévoués à l'exil,

Ont quitté leur berceau. — Ce berceau, quel est-il?

C'est toi, pays de l'Est, province étroite, Alsace

Inhabile à nourrir le trop-plein de ta race.

Combien de tes enfants, laboureurs sans sillons,

Dès longtemps, de tes bourgs sont partis en haillons!

Ceux-ci qu'au même adieu ta pauvreté condamne.

T'ont laissée à leur tour; — errante caravane,

Ils tentèrent aussi l'espace et les hasards.

Les voilà sur la rive; hommes, femmes, vieillards,
Oui, même les aïeux, fronts courbés par la vie,
A l'âge où le repos est la suprême envie,
Que vont-ils faire au loin, se traînant pas à pas?
Un jour encore ou deux, ne pouvaient-ils donc pas
Attendre que leurs os, si près de se dissoudre,
Fussent mêlés du moins à la natale poudre?...

Sur le môle, en passant, les promeneurs du soir,
Sans autre souci d'eux, s'arrêtent à les voir.
Nul ami, nul parent n'est venu sur la plage
Leur adresser le vœu qui bénit le voyage.
Sur un sol étranger vous les diriez déjà.
Fardeau dont leur épaule un moment s'allégea,
Leur bagage en désordre autour d'eux se disperse.
Ce sont les seuls trésors de la fortune adverse:
Humbles coffres, manteaux, mêlés à l'attirail
Des champêtres outils réservés au travail;
Car, une fois jetés aux bords d'un autre monde,
Le labeur est encor tout l'espoir qu'on y fonde.

Où vont-ils? Devant eux, aux limites de l'eau:
Ils vont où finira la course du vaisseau.
De ces simples esprits nul n'en sait davantage;

L'ignorance est en eux, qui les suit à tout âge.

A cette heure, les yeux ouverts d'étonnement,

Ils regardent, pensifs, la mer, le bâtiment.

Pour la première fois venus sur une grève,

Enfants des monts lointains, ils n'avaient vu qu'en rêve

Ces espaces d'azur qui dans les horizons

Se perdent, cette mer où nagent des maisons,

Ces étranges vaisseaux que le vent, d'un coup d'aile,

Chasse, leur a-t-on dit, ainsi que l'hirondelle !

Sur ce mince navire il faudra se bercer ;

Cette sombre étendue, il faut la traverser,

Puis, — si Dieu l'a permis, — tomber sur une terre

Qui devant eux, là-bas, se dresse, autre mystère !

Descendus sur ton sol, Amérique du Nord,

Que de soucis amers les attendent au bord !

Isolement, faiblesse ; avec la destinée

Lutte de chaque jour, inquiète, obstinée ;

Asile à découvrir, marches dans le désert,

Forêts où, plein d'effroi, le voyageur se perd ;

Et les travaux sans fin du soc et de la hache.

Et, fléaux non prévus que l'avenir leur cache,

Ces fièvres, ces poisons bus dans un air subtil...

Du peuple entier qui part un seul reviendra-t-il ?

De ces femmes, hélas ! combien resteront veuves,

Assises sans défense au bord des vastes fleuves!

Et de ces orphelins combien, trop tôt vieillis,

Sous un arbre au désert seront ensevelis!

Sur le pont cependant une voix les appelle.

Ils y montent d'un pied qui vacille à l'échelle.

Ainsi qu'un vil troupeau, vers la proue, à l'écart,

Ils vivront refoulés. — L'ancre est levée, on part;

On s'en va sur la mer solitaire et profonde

Dont les ombres du soir déjà brunissent l'onde.

Le vent qui s'est levé, dans la voile, à grand bruit,

Annonce que les flots grossiront cette nuit.

Eux, mornes, accoudés le long des bastingages,

D'un œil chargé de pleurs voient s'enfuir les rivages;

Ils murmurent tout bas quelques tristes adieux:

Car on t'aime, ô patrie, ô terre des aïeux,

On t'aime d'un amour profond, opiniâtre,

Que tu sois tendre mère ou cruelle marâtre!

Le Havre, 1860.

XX

ATTERRISSAGE

Au retour des pays que l'on voulut connaître,
Échappé, non sans peine, au vent qui vous poursuit,
Il est doux de revoir le bord qui vous vit naître,
Par un soleil riant qui vous y reconduit.

Par quelque soir d'automne, il est plus doux peut-être
De revenir au port, d'y pénétrer sans bruit,
Et, dans l'obscurité, de voir une fenêtre
Que rougit la clarté d'une lampe qui luit.

O ciel de l'Équateur ! j'ai dans tes riches voiles
Vu le scintillement de toutes les étoiles !
Aucune n'est plus belle et plus digne d'amour

Que ce pâle rayon de la lampe qui brille

Au-dessus de la table où dîne la famille,

Sans se douter encor que je suis de retour!

XXI

LE REVE QU'ILS FONT TOUS

As seamen tell.

« Un siècle bientôt sans courber ma tête
A passé sur moi, vieux lion marin.
Il faudrait pourtant prendre sa retraite,
Et chercher à terre un abri serein !

» Quand on a lassé, rude capitaine,
Les vents et les flots, la glace et le feu,
Aux biens que promet la terre lointaine
N'a-t-on pas le droit de songer un peu ?

» Heureux le vieillard qu'enfin Dieu délivre
De ton joug si dur, métier oppresseur !
Au pays natal, que ne puis-je vivre,
D'une vigne ou deux oisif possesseur !

» Loin, bien loin de toi, bourrasque éternelle,
Loin de cette arène aux maux sans pareils,
Quand serai-je assis sous une tonnelle,
Savourant en paix mes derniers soleils ! »

Il eut ces loisirs que l'âge conseille,
Il eut sa cabane et son enclos vert,
Et d'anciens amis causant sous la treille :
« Ah ! je meurs, dit-il, rendez-moi la mer ! »

XXII

LE FOND DE L'OCÉAN

Je m'imaginai voir les effrayants debris de mille
naufrages, des milliers d'hommes que rongeaient
les poissons, des lingots d'or, des ancres énormes,
des monceaux de perles, des pierres précieuses,
d'inappréciables joyaux semés çà et là sur le lit des
mers.

SHAKSPEARE.

Soufflez et mugissez, rafales de la nuit !
Sombres flots, déchirez et jetez à grand bruit
    Votre folle écume au rivage !
Penché vers vous, du bord de ces rocs frémissants,
J'aspire dans mon âme et je bois dans mes sens
    Je ne sais quel plaisir sauvage.

Le vieil astre des jours descend à l'horizon,

Il y plonge à demi ; — plus rouge qu'un tison,

>   Il rougit une mer ardente,

Une mer qui ressemble à ces lacs de l'enfer,

Tels que tu les décris dans ton livre de fer,

>   O vieux maître ! ô terrible Dante !

Mille oiseaux du rivage encombrent les contours :

Ici les goëlands, aquatiques vautours,

>   Forbans ailés de la mer sombre ;

Là, les hauts cormorans qui courent sur le bord,

En serrant dans leur bec un poisson qui se tord :

>   Là-bas, les alcyons sans nombre.

Le flot échevelé grandit de plus en plus ;

Il éclate, il mugit, il gronde à chaque flux

>   Comme un tonnerre sur la grève.

Au milieu du fracas, on dirait par moments

Les acclamations et les frémissements

>   D'un peuple entier qui se soulève !

O mer ! sinistre mer ! n'as-tu donc pas assez

Enfoui de trésors sous ton onde entassés,

>   Dévoré de pâles victimes ?

Que te faut-il encor ? Que demandent tes cris ?
Faut-il que dans ton sein roulent plus de débris
      Que de vagues sur tes abîmes ?

Depuis l'heure où l'espace à tes eaux fut donné,
Depuis le jour fatal où, comme un nouveau-né
      Qui sort du ventre de sa mère,
Tu sortis du chaos et vins battre tes bords,
Tu n'as jamais rendu que de tristes accords,
      Et roulé qu'une écume amère.

Et jamais les écueils qui rampent sous tes flots
N'ont cessé d'engloutir barques et matelots,
      Lourds vaisseaux, fragiles nacelles ;
Et débris dispersés et morts ensevelis
Roulent au fond du gouffre, et, sous tes mornes plis,
      Comme un linceul tu les recèles.

Mais un jour est prédit — inévitable jour ! —
Où, toi-même, tu dois disparaître à ton tour
      Au souffle brûlant de l'Archange ;
Où ton abîme, ouvert et nu comme la main,
Sera ce qu'en automne est le creux d'un chemin
      Dont on a balayé la fange.

Alors se trahiront aux yeux épouvantés
Tes gouffres, tes ravins, tes sourdes cavités
    Qui font le désespoir des sondes :
Régions où jamais un rayon ne descend,
Tartares sous-marins, où va s'épaississant
    L'obscurité des nuits profondes.

Là, sur un lit visqueux d'algues et de limons,
Parmi tes polypiers, parmi tes goëmons,
    Tes fucus aux glauques feuillages,
On verra s'élever, par tas et par monceaux,
Cet éternel butin que plonge sous les eaux
    Chaque saison riche en naufrages :

Ruines de vaisseaux, dont les minces cloisons
Fléchissent sous le poids des ondes : cargaisons
    Qui pourrissent dans leurs entrailles ;
Armures de combats, dépouilles d'autrefois,
Drapeaux des nations, diadèmes des rois
    Mêlés à de vieilles ferrailles ;

Et de riches écrins, en vain cadenassés ;
Et des masses d'argent, qui feraient dire : « Assez! »
    A tous les mendiants du globe ;

De quoi vous habiller et vous nourrir enfin,
Vous tous, pauvres enfants qui blêmissez de faim
    Et grelottez sans feu ni robe !

Et puis, en des tombeaux de sable et de varech,
Cadavres de marins enveloppés avec
    Des bandelettes d'algues vertes ;
Et puis, déchiquetés, dénudés jusqu'à l'os,
Squelettes monstrueux, spectres de cachalots
    Et de baleines entr'ouvertes !

Tout ce qu'a dévoré, tout ce qu'a submergé
L'onde, qui ronge encore après qu'elle a rongé
    Avec ses dents toujours entières :
Tout ce que ton flot noir ballotte dans ses plis,
Tout ce qui dort, bercé d'un éternel roulis,
    Dans tes liquides cimetières !

Voilà quel formidable et lugubre tableau
Apparaîtra, le jour où les voiles de l'eau
    Seront repliés par Dieu même ;
Quand la mer, quand le sol, fouillés jusques au fond,
Rendront ce qu'engloutit un néant si profond,
    Partout où le trépas nous sème.

Et tandis que les morts qui dormaient dans ton sein,

Convoqués tout à coup devant le trois fois Saint,

     Se lèveront comme une armée,

Toi, comme un lac tari dont s'égouttent les flots,

Tu seras pour jamais, dans le dernier chaos,

     Sous le sceau de Dieu refermée !

LIVRE DEUXIÈME

MÉDITERRANÉE

I

A EDMOND T.

Quod petis, hic est.
HORACE.

Avant que mon adieu salue avec tristesse
Paris, ce beau Paris qui fut l'humble Lutèce,
Et que j'aille revoir les fortunés climats
Où Marseille au rivage aligne tant de mâts,
Laisse-moi rafraîchir, ami, dans ta mémoire,
La promesse qu'un jour tu me fis après boire,
Promesse que je veux, à ce dernier moment,
Lier d'un nœud si fort qu'elle vaille un serment.
Oui, dimanche dernier, tandis qu'assis à table
Nous fêtions l'amitié récente et déjà stable :

« A bientôt ! me dis-tu, loin de ce vieux Paris,
J'irai voir au soleil vos rivages fleuris. »

Esprit aventureux que le caprice emporte,
Hâte-toi donc vers nous. Assise sur la porte,
Notre hospitalité, douce aux nouveaux venus,
Dans l'aiguière d'argent lavera tes pieds nus.
Viens, tu seras chez nous accueilli comme un frère :
A tes pesants travaux heureux de te soustraire,
Nous te ferons goûter, exempt de tout lien,
Les loisirs que nous donne un ciel italien.
Tu dois avoir besoin, journalier de la presse,
De déposer parfois le fardeau qui t'oppresse.
Terrible est ton labeur : sur le même sillon,
S'incliner chaque jour, pressé par l'aiguillon :
A la pluie, au soleil, marcher tête baissée,
Pour semer ou cueillir le grain de la pensée ;
Au troupeau des esprits aplanir le chemin ;
Pressentir le secret de chaque lendemain ;
Au monde, enfin, donner la lumière et la vie,
Et des sots en retour n'obtenir que l'envie,
Une tâche pareille use le plus dispos ;
Viens donc, viens près de nous essayer du repos.
Pour délasser tes nerfs de leurs âpres secousses,

Tu trouveras ici des mœurs simples et douces,

La tranquille province à l'esprit lent, mais droit,

Et le temps à passer moins lourd que l'on ne croit.

Pour qu'il goûte ici-bas, durant son court passage,

Le calme cher aux dieux et non moins cher au sage,

Que faut-il au poëte? Un loisir sans ennui,

Le soleil sur sa tête et la mer devant lui !

La mer ! Tu la verras, cette merveille immense,

Vieux chef-d'œuvre que Dieu sans cesse recommence,

A chaque heure du jour, changeant l'aspect de l'eau,

Comme un peintre indécis qui refait son tableau. —

Si tu n'as encor vu, sur la côte normande,

Que le sombre Océan, à qui nul ne commande,

Tu n'as vu qu'un vieillard aux airs mornes et froids,

Taciturne et grondeur, comme sont les vieux rois.

La mer où je t'appelle a l'aspect moins farouche :

De souffles odorants elle embaume sa couche ;

Des rayons d'un beau ciel ses flots sont toujours teints.

Elle affecte des airs folâtres ou mutins.

Variable, fantasque, elle rit, elle pleure ;

De la colère au calme elle passe dans l'heure.

La Méditerranée est la femme à vingt ans,

La folle courtisane aux caprices flottants :

Dénouant ses cheveux qu'aucun réseau n'enferme,

Vagabonde, elle court de Marseille à Palerme,

Et, pour orner sa robe opulente en couleurs,

Des lointains archipels va moissonner les fleurs.

Il est beau de la voir, le matin, à la grève,

Quand du sombre horizon la jeune aube se lève,

Et semble un lis d'argent qui, lentement éclos,

A sa corolle au ciel et son pied dans les flots.

Il est beau de la voir, il est doux de l'entendre,

Le soir, lorsque sa voix prend un accent plus tendre,

Et qu'à nos bois de pins, agités de frissons,

De sa propre musique elle enseigne les sons.

Ce qu'elle dit alors, sous l'étoile sereine,

C'est un chant triste et doux, de muse et de sirène,

Qui conseille l'amour, foyer d'enivrements,

Ou nous parle des morts dans le passé dormants.

Au poëte rêveur, son unique auditoire,

Elle raconte aussi l'universelle histoire,

Fastes et souvenirs dont peuvent témoigner

Tant de marbres épars que son flot vient baigner!

Tous les drames fameux qu'a joués l'ancien monde

Pour théâtre mouvant n'ont-ils pas eu son onde?

Législateurs, soldats, les chefs du genre humain,

N'ont-ils pas tous, un jour, passé par son chemin?

N'a-t-elle pas bercé dans son sillon bleuâtre

La barque de César, celle de Cléopâtre;

Conduit au saint tombeau les preux bardés de fer,

Et jeté vers le Nil Bonaparte et Kléber?

N'a-t-elle pas enfin, sur ce rivage même,

Poussé des Phocéens la fragile trirème,

Quand, cherchant un abri, nos illustres aïeux

Débarquèrent avec leurs enfants et leurs dieux?...

C'est là que tu viendras; c'est là, sous une treille

Où viennent expirer tous les bruits de Marseille,

Que ta place est marquée, et qu'en mai je t'attends,

Ami d'un jour, plus cher qu'un ami de vingt ans!...

Mars 1842.

II

LE LIT DE SABLE

Trduit me vitæ.
ECCLÉSIASTE.

O flots ! de votre voix profonde, intarissable,
Bercez un vieil ami revenu de si loin !
Dans ce lit que mes mains ont creusé dans le sable,
Donnez-moi, donnez-moi la paix dont j'ai besoin !

Me reconnaissez-vous? le voyageur morose
Qui vient pencher sur vous un front pâle et neigeux
Est-il bien l'écolier à tête blonde et rose.
Qui vous eut, autrefois, pour témoins de ses jeux?

Suis-je ce même enfant dont le toit domestique
S'élevait, près de vous, au flanc de ce rocher ?
Alors, maison riante au verdoyant portique,
Aujourd'hui, murs en deuil dont je crains d'approcher !

Que de beaux jours passés sur ces mêmes rivages,
A courir follement, à chanter pour l'écho,
A rêver sous l'abri des lentisques sauvages,
Quand soufflait le mistral ou l'ardent siroco ;

A voir flotter en songe un avenir prospère,
Mirage éblouissant qui de loin m'invitait,
Tandis qu'à l'horizon la voile de mon père
Sans cesse, au gré du flot, sombrait et remontait ;

Ou que, d'un œil distrait, je suivais dans les roches
Mes chèvres qui, broutant quelque gazon salé,
Grimpaient de pierre en pierre et balançaient leurs cloches
Dont le vent m'apportait le tintement fêlé.

Age heureux! âge saint! J'arrivais à la vie ;
L'espérance en chantant m'ouvrait ses portes d'or.
A vos anges, mon Dieu, je devais faire envie,
Tant mon front rayonnait, tant j'étais pur encor!

La vie alors, de loin, semblait riche et féconde
Comme un jardin du ciel, pour moi peuplé d'amis ;
Et je leur apportais un cœur grand comme un monde,
Trop petit cependant pour tous les biens promis !

Entre mille autres dons, j'avais le don de croire ;
Sincère, je croyais qu'ici-bas rien ne ment :
Je croyais à l'amour, je croyais à la gloire,
A tous les dogmes saints je croyais saintement.

A quiconque eût douté de la grandeur humaine :
« Silence, aurais-je dit, vous êtes insensé ! »
Pour confesser ma foi, comme un catéchumène,
Dans le cirque aux lions je me serais lancé.

O flots ! de votre voix profonde, intarissable,
Bercez un vieil ami revenu de si loin !
Endormez, endormez, dans ma couche de sable,
Ce cœur dont le repos est le dernier besoin !

De ma course crédule au pays des chimères
Faut-il vous raconter les pas et les destins ?
Les longs ennuis, liés aux plaisirs éphémères,
Et les bonheurs douteux et les malheurs certains ?

J'ai vécu : de bonne heure altéré de délices,
Aux coupes de l'amour j'ai fait boire mon cœur,
Et me suis étonné que les plus doux calices
Continssent tant de lie et si peu de liqueur !

J'ai vécu : tourmenté du besoin de connaître,
J'ai tout interrogé, Dieu, le mal, la vertu ;
J'ai sondé la nature et j'ai scruté mon être,
Et j'ai dit à mon tour : « Science, que sais-tu ? »

J'ai vécu : j'ai mêlé ma vie à ce vieux drame
Qui se joue ici-bas dans le rire et les pleurs ;
Et j'ai pu voir, bientôt, le dessous de la trame,
Et par quel fil sont mus les plus fiers bateleurs.

J'ai vécu : voyageur qui marche à l'aventure,
Sous la pluie et le vent j'ai suivi mon chemin,
Demandant un fantôme à toute la nature,
Et disant chaque soir : « Peut-être que demain !... »

Et de toutes mes nuits d'ivresses ou d'étude,
D'orages, de douleurs à courber un géant,
Je n'ai rien rapporté, rien qu'une lassitude,
Et qu'une ardente soif de paix et de néant !

Et voilà, maintenant, qu'au foyer de mes pères
Vous me voyez rentrer sombre et découragé,
Pareil au matelot qu'une de vos colères
Au port dont il partit rejette naufragé.

O flots! de votre voix profonde, intarissable,
Bercez un vieil ami revenu de si loin!
Donnez-lui, donnez-lui, dans sa couche de sable,
Cette heure de sommeil dont il a tant besoin!

Vous, vers qui je reviens sans qu'on me reconnaisse,
Flots heureux, vous, du moins, au retour je vous vois
Aussi frais, aussi purs, aussi beaux de jeunesse
Que mes yeux en s'ouvrant vous virent autrefois.

Le temps, vieux ravageur, est à son œuvre; il passe,
Usant, flétrissant tout, le long de son chemin.
Votre domaine, à vous, reste le seul espace
Interdit aux affronts de sa brutale main.

Sur vous l'orage seul creuse d'immenses rides,
Il bouleverse, un jour, vos sombres profondeurs;
A peine a-t-il passé, que vos plaines limpides
Retrouvent tout leur calme et toutes leurs splendeurs.

C'est toujours cet azur si doux à la paupière,
Du chaste firmament immaculé miroir;
C'est toujours ce cristal où plonge la lumière,
D'eau bleue et de soleil transparent réservoir.

C'est toujours cet éclat de jeunesse infinie,
Cette vive gaîté de couleurs et d'accords,
Qui semblent, sans pitié, prodiguer l'ironie
A l'homme qui vieillit et s'éteint sur vos bords.

Que dis-je! Le passant aux traces fugitives
N'est pas seul rabaissé par ce contraste amer :
Il atteint tout objet apparu sur vos rives,
Tout ce qui, près de toi, s'élève et tombe, ô mer!

Combien de monuments prédits impérissables,
Que d'altières cités, que d'empires fameux,
Descendus tour à tour au niveau de tes sables,
Et, le long de ta plage, éparpillés comme eux!

De Corinthe et d'Éphèse où sont les murs antiques?
D'Athènes et d'Ostie où sont les marbres blancs?
Où sont les Parthénons, les palais, les portiques,
Qui couronnaient jadis tes bords étincelants?

Ah! sur tant de débris lorsque la vague roule,

De Carthage et de Tyr quand rien n'a survécu,

Quand Venise aujourd'hui pierre à pierre s'écroule,

L'homme se plaindrait-il d'être à son tour vaincu?

Non! mais, pleurant sitôt sa jeunesse ravie,

A la grève il s'assied, morne et seul au retour,

Et vous admire, ô flots! avec un œil d'envie,

Vous, après six mille ans, beaux comme au premier jour!

III

LES PREMIERS JOURS

Hoc mare magnum et spatiosum manibus.
Illic reptilia quorum non est numerus. Illic
naves pertransibunt.

DAVID (*Psaumes*).

Tandis qu'un reste d'ombre obscurcit les vallées,
Et que la brume encore enveloppe les cieux,
Derrière la montagne aux cimes dentelées
    Le soleil surgit radieux.

C'est lui, c'est le soleil! Éveille-toi, nature!
Prompte à le saluer, ô terre, éveille-toi!
Et vous, flots de la mer que sa lumière azure,
    Chantez un hymne à l'astre roi.

Sur la crête des monts, que sa splendeur inonde,
Il semble s'arrêter pour prendre son élan,
Et, d'un regard d'amour qui caresse et féconde,
    Flatter la terre et l'Océan.

Ou plutôt, comme aux yeux apparaît sans obstacle
Le Dieu qu'un voile épais trop longtemps recéla,
Il sort de l'Orient comme d'un tabernacle,
    Et dit au monde : « Me voilà! »

Soudain les mille voix d'un immense cantique
S'élancent jusqu'à lui, de l'aurore au couchant;
Le monde rajeuni, saluant l'astre antique,
    S'enivre de son propre chant.

Tout vient perdre sa voix dans ce chœur unanime,
Le vallon, la montagne, et l'arbre et le gazon,
Et les oiseaux du ciel, et les flots de l'abîme,
    Et l'homme, au seuil de sa maison.

« Salut! père des jours! auteur de toute flamme!
Nous te proclamons roi sur ton pavois de feu.
Oh! viens répandre en nous et la lumière et l'âme
    Que tu prodigues comme un dieu.

» Monte, et qu'à ta clarté tout ici-bas renaisse,
Que l'homme et que la fleur se parent de tes dons :
Rends-nous cette beauté, rends-nous cette jeunesse
    Qu'à jamais nous redemandons !

» Monte, monte toujours ! que ton front qui rayonne
A de nouveaux regards se montre incessamment.
Jusqu'à ce que midi suspende ta couronne
    A la voûte du firmament ! »

Tel du monde au soleil s'est élancé l'hommage,
Et l'astre, poursuivant sa course dans l'éther,
Scintille, et son rayon vient sur la blanche plage
    Dorer les franges de la mer !

Oh ! la mer ! sous ces feux que lui verse l'aurore,
De quel joyeux éclat elle revêt ses flots !
Spectateur ébloui, j'ai cru la voir éclore
    Des flancs ténébreux du chaos.

Oui, je crois assister à cette heure première
Où l'esprit du Très-Haut, sur les vagues porté,
Fit jaillir de son Verbe une immense lumière
    A travers leur immensité.

Autour des archipels que Jéhovah découpe,

Autour des continents qui se creusent en lit,

Elle monte, elle écume; on dirait une coupe

    Qui sous la main de Dieu s'emplit!

Je la vois en niveau rouler de grève en grève

Son cristal, où le ciel étonné de se voir

Sourit, émerveillé comme la première Ève

    Souriant au premier miroir.

Je la vois, sur le sable et sur l'herbe des plages,

Sur la mousse des caps qui bordent son bassin,

Jeter la nacre et l'or des mille coquillages

    Qui sont les joyaux de son sein.

Je la vois! Je l'entends! sa voix neuve et sonore

Pour la première fois résonne sur ses bords,

Ainsi qu'un instrument qui, préludant encore,

    Hasarde ses premiers accords.

Et les jeunes forêts de ces côtes sauvages

Lui répondent soudain par un frémissement

Qui roule et se prolonge autour de ses rivages

    Comme un vaste applaudissement.

Et les monstres sortis de sa vase féconde
Montent en se jouant à la face des eaux,
Et, joyeux, vers le ciel ils font rejaillir l'onde
    Qui se croise en brillants arceaux.

Habitants de l'abîme aux innombrables races,
Dauphins intelligents, capricieux souffleurs,
Narvals et cachalots revêtus de cuirasses,
    Dorades riches en couleurs.

Léviathan, porté par l'onde fléchissante,
Jette sur son empire un superbe regard.
Sous lui la jeune mer est déjà blanchissante
    Comme la tête d'un vieillard !

Les oiseaux pélagiens s'assemblent sur les rives ;
De langage et d'instinct et de couleur divers,
Ils iront, ils iront ; leurs bandes fugitives
    Feront le tour de l'univers.

Voici les albatros, voici les paille-en-queues,
Les pluviers, les pétrels volant ou surnageant ;
Voici les goëlands qui rasent les eaux bleues
    De leurs grandes ailes d'argent.

Mais quel est, à son tour, ce passager étrange
Qui vole dans l'éther et qui marche sur l'eau ?
Le flot, sur son passage, avec respect se range.
De deux créations prodigieux mélange,
Monstre des mers, il a les ailes de l'oiseau.

Sa plume ouverte au vent, le cygne a moins de grâce
A décrire sur l'onde un bleuâtre sillon,
Et l'aigle a dans les cieux moins d'orgueil et d'audace,
Quand, du haut de son aire, il plonge dans l'espace,
Et d'un front recourbé lutte avec l'aquilon.

La vague, devant lui, se divise écumante ;
Sa masse sur les eaux glisse avec majesté ;
Et, sous le vent plus fort, si sa vitesse augmente,
Sa course creuse au loin une ornière fumante
Comme celle d'un char dans la lice emporté.

Homme ! on te reconnaît à cet orgueil sublime !
Tu possédais la terre, et c'était peu pour toi ;
N'assignant pas de borne à l'espoir qui t'anime,
Tu veux régner aussi sur l'orageux abîme,
Et l'abîme orageux a reconnu son roi.

C'est toi qui, franchissant les eaux infranchissables,

Vas, sur ce frêle bois, chef-d'œuvre de tes mains,

Poursuivre à l'horizon tous les buts saisissables,

Braver les sourds écueils, les vents, les flots, les sables,

Et dans ce grand désert te frayer des chemins.

L'aquilon, dont l'haleine enfle tes rondes voiles,

Seconde ton essor sur l'espace écumant.

Ta main, selon le vent, ouvre et ferme leurs toiles;

Et, quand revient la nuit, les fidèles étoiles

Pour diriger ton vol brillent au firmament.

Il est beau de te voir sur ces plaines profondes,

Navigateur novice et déjà souverain,

Sans posséder encor ni boussoles ni sondes,

Avec ton seul courage, explorer tous ces mondes

Vainement séparés par le gouffre marin!

———

Ainsi les nations, à peine à leur naissance

Et déjà débordant de leurs étroits berceaux,

Émigrent, et la mer, modérant sa puissance,

Ménage en les portant leurs fragiles vaisseaux.

Tout s'agite, tout marche, et tout grandit à l'aise ;
Le fécond genre humain s'étend de toutes parts.
Au fond de chaque golfe et sur chaque falaise,
Les naissantes cités ébauchent leurs remparts.

Tyr, la reine des mers, dans sa robe écarlate ;
Sidon, Corinthe, Argos, gloires des premiers jours
Ilion qui, superbe, au soleil se dilate,
Et charge de soldats sa couronne de tours ;

Carthage, Lilybée, Arsinoé, Panorme,
Gadès qu'à l'Océan l'ancien monde allia ;
Rhodes, Samos, Éphèse, Athène encore informe ;
Vous enfin, mes berceaux, Smyrne et Massilia !

Chaque peuple, imitant l'active Phénicie,
Sape, creuse les pins et les chênes entiers ;
Partout sonne un marteau, partout grince une scie,
Partout s'étend le bruit des populeux chantiers.

Tarse donne le fer dont la galère est ceinte,
Byblos les constructeurs, les charpentiers savants,
Le Liban les mâts, Tyr la pourpre et l'hyacinthe
Dont se teindra la voile où souffleront les vents.

Chaque heure voit lancer à la verte Amphitrite

Cent birèmes, aux flancs cousus de papyrus,

Dont les pieux nochers versent, suivant le rite,

Une coupe de vin dans les flots parcourus.

Et sur chaque vaisseau, prompts à se reconnaître,

Voguent l'enfant du Nil, l'enfant de l'Archipel,

Ceux que la Grèce heureuse ou la Perse voit naître,

Et qui, tous, de la vie ont entendu l'appel.

Et, vertes de festons, toutes ces nefs marines,

Avec l'aide du vent et l'effort des rameurs,

Vont, d'une rive à l'autre, échanger les doctrines,

Les trésors et les arts, les moissons et les mœurs.

Fruits que l'Égypte cueille et dogmes qu'elle adore,

Blés de Sicile, vins, huile, ivoire, or d'Ophir,

Toisons, miel de l'Hybla, feuillets de Pythagore,

Tout se fie à la mer, tout se livre au zéphyr.

Et le jour, bleu miroir, la mer calme reflète

Ces immortels vieillards, passagers radieux,

Qui, nouant à leur front la chaste bandelette,

Transportent dans leurs mains les lyres et les dieux.

Et, la nuit, quand tout dort, le vent et l'onde amère,
Quand la lune est au ciel, les dauphins du sillon
Entendent à la proue un chanteur : c'est Homère !
Entendent à la poupe un sage : c'est Solon !

Des peuples fraternels alliances heureuses !
Sacrés embrassements que le Très-Haut bénit !
Croissez, multipliez, nations généreuses :
La mer vous séparait, la mer vous réunit !

Va, cours aux quatre vents, famille universelle,
Féconde ton empire agrandi chaque jour,
Et chante en chœur un hymne à la paix que Dieu scelle,
Au travail ! à la gloire ! au génie ! à l'amour !

O jeunesse du monde ! ô printemps de la terre !
Sur vos riants tableaux que de jours ont passé !
D'heure en heure, combien le souvenir s'altère !
Que de nuages noirs, que d'ombre délétère
Ont terni le spectacle à jamais effacé !

Après tant de douleurs, de forfaits, de ravages,

Qui se souvient de vous dans ce monde trop vieux ?
Qui se plaît à revoir vos lointaines images,
Si ce n'est, par hasard, un poëte aux rivages,
Quand il n'a devant lui que la mer et les cieux !

IV

CHANSON D'UN TRITON

> Laisse la mer glauque gronder au rivage,
> plus agréablement dans ma grotte tu pas-
> seras la nuit auprès de moi.
> THÉOCRITE (*le Cyclope*).

Les vents fougueux, les vents déchaînés à grand bruit
Contre les noirs écueils, ce soir, déchirent l'onde.
Qu'ils soufflent! sous le toit de ma grotte profonde,
Tu pourras, sans danger, dormir toute la nuit :
Au bruit tumultueux de la vague irritée,
Dors d'un sommeil tranquille, ô blanche Galatée !

De l'orageux Notus quand retentit la voix,
Dans le creux des vieux pins la colombe se cache.

Et, repliant le front sous son aile sans tache,

Paisible, elle sommeille au murmure des bois.

Au murmure des vents, sous mon roc abritée,

Sommeille ici, comme elle, ô blanche Galatée !

Mes mains ont revêtu des tissus les plus doux

La couche bienheureuse où ta beauté repose,

Où, la bouche entr'ouverte et la paupière close,

Tu dors, à mes baisers livrant tes blancs genoux.

Sur les fleurs, sur la soie habilement nattée,

Poursuis un heureux songe, ô blanche Galatée !

A ses yeux dévoilé, ton corps au pur contour

Ferait pâlir Vénus, la superbe immortelle ;

Si riche en est la forme et la grâce en est telle,

Que Jupiter témoin en sécherait d'amour.

Au murmure des vents, sous ma roche écartée,

Dors, belle pour moi seul, ô blanche Galatée !

Aux bords siciliens, ton effroyable amant

Te réclame, et de pleurs trempe son œil unique :

Laisse l'affreux vieillard de l'île volcanique

Grossir le cri des flots de son rugissement.

Au sourd fracas de l'onde à tes pieds apportée,
Rêve d'un autre amour, ô blanche Galatée !

Entre les dieux des mers qui nagent par essaim,
Je n'ai qu'un rang modeste et qu'une humble fortune.
N'importe ! de tous ceux que commande Neptune,
Nul ne fait mieux que moi résonner le buccin.
Au bruit que fait là-bas l'onde précipitée,
Rêve à mes doux accords, ô blanche Galatée !

En vain me souriraient tes plus aimables sœurs,
Amphitoé, Proto, Doris, Callianire,
Doto, Cymodocée et Némerte et Janire :
Tes baisers seulement ont pour moi des douceurs.
Au long bruit de cette eau follement agitée,
Dors sans crainte jalouse, ô blanche Galatée !

Dors ! Au fond de la mer, de mes yeux bien connu,
Au pied des caps moussus où la vague déferle,
Je vais recueillir l'ambre, et la nacre et la perle,
Qui pareront demain tes bras et ton sein nu.
Au murmure de l'onde à nos écueils jetée,
Rêve parure et gloire, ô blanche Galatée !

L'orage dissipé, l'éther n'est que plus pur :

Les cieux, demain, seront brillants, la mer sereine ;

Et toi, comme Téthis, l'éblouissante reine,

Tu te promèneras sur ta conque d'azur.

Laisse donc, laisse donc mugir l'onde irritée,

Et rêve à ce triomphe, ô blanche Galatée !

V

LES RAMEURS D'ULYSSE

En vain la nuit s'écoule, en vain le ciel se dore

Des premiers doux rayons de la déesse Aurore,

Sur la mer poissonneuse ils sont toujours errants.

De leurs bras fatigués, rameurs assis en rangs,

Sans cesse ils frappent l'onde : Ulysse est à la poupe.

Inclinant vers les eaux l'or d'une riche coupe,

Il offre aux dieux des mers, invoqués tour à tour,

Le dernier flot d'un vin gardé jusqu'à ce jour.

Un prêtre d'Apollon, dans la cité d'Ismare,

Lui remit au départ cette coupe, — œuvre rare

Où, dans le métal pur, l'orfévre avait moulé

Le feuillage d'un lierre à ses flancs enroulé.

LES RAMEURS.

Combien de jours encore, épuisés, hors d'haleine,

    Courbant et relevant nos fronts,

Combien de nuits encor dans la liquide plaine

    Plongerons-nous les avirons?

Jouets du sort, en butte à sa haine jalouse,

    Dès longtemps nous avons franchi

Naxos, Oléaros, et la verte Donouse,

    Et l'Ida, de neiges blanchi.

Après tous les écueils dont la route est semée,

    Nautoniers vieillis sur les eaux,

Jamais ne verrons-nous s'élever la fumée

    De l'île où furent nos berceaux?

LE CORYPHÉE.

    Courage, hommes aux bras robustes!

    Nochers aux cœurs mâles et forts!

    Avant peu, les destins plus justes

    Récompenseront vos efforts.

    Voyez-vous, dans l'éther limpide,

    Ces aigles qui, d'un vol rapide,

Gagnent l'Orient radieux?

Courage, matelots, courage :

Le terme prochain du voyage

Vous est annoncé par les dieux.

LES RAMEURS.

Que parles-tu des dieux? désormais notre bouche

    Ne veut plus invoquer leurs noms.

Ils ont, ces dieux cruels, ces dieux que rien ne touche,

    Immolé tous nos compagnons :

Sous les caps orageux que la nuit enveloppe,

    Les uns restèrent sans tombeau ;

Les autres furent pris dans l'antre du cyclope,

    Et mangés lambeau par lambeau.

De cent vaisseaux heureux, qui partirent de Troie

    Chargés de captives et d'or,

Le nôtre survit seul, — frêle et dernière proie

    Que le destin poursuit encor!

LE CORYPHÉE.

Écartez ces images sombres :

Pieux amis, n'avez-vous pas

Appelé par trois fois les ombres

De ceux qu'atteignit le trépas?

Les morts qui, d'après le saint rite,

Ont reçu l'offrande prescrite,

Ne réclament plus rien de nous.

Affranchis des mortelles peines,

Ils foulent ces plages sereines

Qu'éclairent des astres plus doux.

LES RAMEURS.

Au soleil des vivants sans fermer la paupière,

Nous avions trouvé, nous aussi,

Une terre enchantée, une île hospitalière

Que n'habite aucun noir souci.

Que n'y demeurions-nous! là, de riants ombrages

Ornent la plaine et les coteaux;

Là, paissent les brebis en de gras pâturages.

Là, fleurit l'arbre du lotos.

Sous sa feuille, on s'assied parmi l'herbe assouplie

Que baignent des eaux de cristal;

Et le fruit que l'on cueille est si doux, qu'on oublie

Le retour au pays natal!

LE CORYPHÉE.

Ah! comment perdre la mémoire

Des bords où l'on fut allaité,

Alors même qu'on irait boire

Aux froides ondes du Léthé !

Rien ne vaut pour l'âme attendrie

La vision de la patrie

Qui surgit des flots transparents.

Il n'est pas d'ivresse meilleure

Que de rentrer dans la demeure

Où nous attendent nos parents.

LES RAMEURS.

Il est pourtant cruel d'y rentrer les mains vides !

Sous ce toit longtemps regretté,

I' est dur de n'offrir à ses parents avides

Que son ancienne pauvreté.

Qu'Ulysse, notre chef, arrive plein de joie,

Lui qui reçut mille présents :

Urnes d'argent, tapis dont l'ampleur se déploie,

Trépieds d'airain tout reluisants ;

Qu'il montre avec orgueil cet opulent partage :

Nous, hélas ! humbles matelots,

Bien heureux serons-nous d'apporter au rivage

Un reste de chair sur nos os.

LE CORYPHÉE.

Troupe indocile et sans mémoire,

Des droits du maître hommes jaloux,

Comptez-vous pour si peu la gloire
Qui rejaillit de lui sur vous?
Il est beau d'avoir dans la lice
Un chef illustre comme Ulysse,
D'affronter la mort sur ses pas :
Avec lui, quand la lutte cesse,
On partage, aux yeux de la Grèce,
Des honneurs qui ne meurent pas !

C'est ainsi qu'ils chantaient, perdus sur l'onde immense;
Et la rame et le chant s'élevaient en cadence,
En cadence tombaient. — Ulysse, l'œil aux cieux,
Ulysse était assis, toujours silencieux.
Sur la poupe, à l'écart, l'âme sourde à la plainte,
Courbé dans un manteau de pourpre deux fois teinte,
Il voyait au couchant le radieux soleil
Descendre, et se plonger dans l'abîme vermeil.
D'un groupe de rameurs, enfants de race obscure,
Qu'importait au héros le passager murmure?
Que faisaient leurs propos injurieux et vains
A celui qu'inspiraient les oracles divins,
Au mortel qui reçut d'en haut — double largesse —
L'inaltérable paix et l'auguste sagesse !

VI

LA GALÈRE DE POLLION

Jam nova progenies cœlo demittitur alto.
ECLOGA IV.

La voile ouverte au vent, la rapide galère
Transportait Pollion, de race consulaire,
Le même à qui Virgile annonça dans ses vers
Le berceau d'un enfant, espoir de l'univers.
Désormais, chargé d'ans et la tempe amaigrie,
Il gagnait, chaque hiver, sa villa de Syrie,
Tiède et calme domaine où le ciel plus clément
Donnait à ses vieux jours quelque prolongement.
La nef en son essor tendait vers Césarée.
C'était par une nuit faiblement éclairée.

Une nuit de décembre au ciel froid et brumeux ; —

Les rameurs au travail s'encourageaient entre eux,

Et, courbés sous un chef qui commande à voix haute,

Manœuvraient d'autant mieux qu'ils pressentaient la côte.

Leur tour étant venu de reposer leurs bras,

Quelques-uns oubliaient les longs travaux ingrats,

Et dormaient à l'écart, voilés d'un pan de laine.

Or, deux de ces derniers, assis vers la poulaine,

Ayant déjà goûté leur heure de repos,

Causaient par intervalle, et voici leurs propos :

ÉVANDRE.

Tandis qu'avec effort nous soulevions les rames,

Et que l'horreur des nuits enveloppait nos âmes,

N'as-tu pas, ô Chalcis, entendu sous les cieux

Je ne sais quel soupir vague et mystérieux,

Je ne sais quelle voix gémissante, profonde,

Qui montait, s'abaissait, et s'étouffait dans l'onde?

CHALCIS.

Oui, j'écoutais aussi, non sans tressaillement :

Et ces obscurs sanglots, ce sourd gémissement,

Comme toi, compagnon, je croyais les entendre.

Ah! que se passe-t-il et que faut-il attendre?...

Je ne suis qu'un esprit dépourvu de clarté ;

Mais ce monde me semble atteint d'anxiété.

Heure étrange et sans nom que l'époque où nous sommes :

On dirait que les dieux s'en vont de chez les hommes !

Que, frappés de terreur comme de vains mortels,

Ils n'osent même plus rester sur leurs autels.

ÉVANDRE.

Tu dis vrai : redoutant de l'avouer moi-même.

Je sentais toutefois le même deuil suprême.

Sans contrainte, un moment, parlerai-je à mon tour ?

Cet effroi de nos dieux remonte à plus d'un jour :

Enfant des bords crétois, où maint fleuve serpente,

Un matin, de l'Ida je gravissais la pente ;

Au puissant Jupiter j'allais offrir en don

Deux chevreaux nouveau-nés, des plaines de Cydon.

A peine avais-je atteint la caverne sacrée

Où fut caché l'enfant de Saturne et de Rhée,

L'étroit sommet du mont à mes yeux s'ébranla,

Et du temple agité le fronton se voila.

Le soir du même jour, incroyable mystère,

Les autels, m'a-t-on dit, chancelaient à Cythère ;

Et Vénus, dont le corps fléchit soudainement,

Sembla près de rentrer sous le flot écumant.

CHALCIS.

L'effroyable prodige est partout manifeste ;

Partout le même deuil rabaisse un nom céleste.

Quiconque aborderait aux rives de Lemnos

Verrait Vulcain pâlir devant ces noirs fourneaux ;

Et celui qui descend aux plages de l'Attique

En vain cherche Apollon de portique en portique.

ÉVANDRE.

Et les dieux de la mer, que sont-ils devenus ?

Où se tient la Sirène aux bras souples et nus ?

Qui de nous a jamais aperçu dans sa gloire

Amphitrite aux pieds blancs que porte un char d'ivoire ?

Où sont les verts Tritons, qui nageaient par essaims

En jetant à l'écho le son de leurs buccins ?

Non, ces jours ne sont plus, lorsque les Néréides

Émergeaient au soleil de leurs grottes humides,

Et, cortége ondoyant sur la nappe des flots,

Suivaient jusques au port la nef des matelots.

CHALCIS.

Si la force en nos dieux valait la renommée,

S'évanouiraient-ils ainsi qu'une fumée ?

Un tel pouvoir qui meurt — n'est-ce pas, compagnon ?—
N'eut peut-être jamais que l'éclat d'un vain nom.
Que furent-ils ?... Qui sait ?... peut-être des chimères,
Des songes adorés par nos crédules pères.

ÉVANDRE.

Ah ! les temps sont mauvais où, dans le ciel désert,
La lumière des dieux s'obscurcit et se perd.
Malheur à tout mortel né dans l'âge funeste
Qui d'une antique foi conserve à peine un reste !
L'esprit alors se trouble ; il cherche, consterné,
Par quels sombres hasards le monde est gouverné.
Malheur surtout à ceux qui, chargés d'une chaîne,
Vivent, hélas ! d'un pain qu'on mesure à leur peine :
Esclaves, comme nous, — comme nous, travailleurs,
Rien n'allége un moment le poids de leurs douleurs !

CHALCIS.

Il reste une espérance ! un Dieu nouveau peut naître,
Plus vrai que les premiers et plus doux à connaître.
N'a-t-on pas murmuré qu'il était attendu ?...

ÉVANDRE.

S'il tarde un jour encor, l'univers est perdu. —

Tels étaient les propos qu'échangeaient à voix basse

Évandre le Crétois, Chalcis de Samothrace.

La barque cependant allait gagnant le bord.

Déjà se distinguaient et la côte et le port.

Tout à coup, au-dessus des collines obscures,

La nuit d'hiver s'ouvrit, pleine de clartés pures;

Aux yeux des matelots, pâles d'étonnement,

La Judée apparut dans un rayonnement.

De célestes esprits, dans l'azur sans nuage,

Passaient, accomplissant leur glorieux message.

Des harpes en leurs mains, des cithares de feu

Proclamaient, célébraient l'avénement d'un Dieu;

Aux humbles cœurs, à tous les êtres en souffrance,

Ils adressaient, joyeux, l'hymne de l'espérance.

Pasteurs, vous l'entendiez sur les plateaux déserts!

Vous l'entendiez aussi, matelots, sur vos mers!

Et, comme des béliers pris d'une étrange ivresse,

Les montagnes, au loin, tressaillaient d'allégresse;

Et le vent exhalait vers chaque nation

La nouvelle attendue, — et le vieux Pollion,

Posant enfin le pied sur le rivage en fête,

Murmurait en son cœur : « Virgile était prophète! »

VII

LA TRAVERSÉE DE CHARLEMAGNE

(D'après un ancien fabliau.)

AU JEUNE PAUL ***.

Un jour que Charlemagne allait en Palestine,
Avec ses douze pairs dans sa barque latine,
La tempête, soudain, s'abattant sur la nef,
Émut les compagnons sans émouvoir le chef.
« Sang du Christ ! dit Roland, j'ai l'âme bien trempée :
Volontiers je combats avec ma bonne épée ;
Mais que sert au soldat le plus solide fer
Contre tous les assauts du vent et de la mer ?
— Moi, j'excelle à toucher les cordes de la harpe,
Dit Holger le Danois ceint de sa verte écharpe ;

Mais, dans ce bruit des vents et des flots en courroux,

La lyre jette en vain son accord le plus doux.

Le trouvère se tait quand mugit la tempête... »

Le bon sire Olivier, sombre et baissant la tête,

Serrait son glaive d'or et disait : « Quel ennui !

Il va falloir bientôt me séparer de lui.

— Par l'enfer ! si je sors de ce pas effroyable,

J'enverrai de bon cœur mes compagnons au diable, »

Murmurait à l'écart un autre, à l'air félon ;

Et l'on reconnaissait le traître Gannelon.

Richard sans Peur criait : « Dans tes sombres abîmes,

Satan, j'ai de ma main plongé bien des victimes !

Vas-tu mettre en oubli ce que j'ai fait pour toi ?

Si tu n'es point ingrat, Lucifer, aide-moi ! »

L'archevêque Turpin s'étonnait du blasphème !

« Ce n'est pas Lucifer, c'est le Père suprême,

S'écriait-il, qui seul peut nous tirer d'ici ;

Prions ! l'homme pieux voit le ciel éclairci. »

Le bon sire Naïm, qui passait pour un sage,

Soupirait à son tour : « Mes amis, j'ai l'usage

De donner des avis ; mais le meilleur conseil,

Ici, ne vaudrait pas un rayon de soleil !... »

Riol, qui ne connut jamais d'autres alarmes :

« Je suis vieux, disait-il, j'ai blanchi sous les armes.

Et j'aurais souhaité, loin de ces froides eaux,

Trouver un endroit sec où reposer mes os.

— J'ai l'horreur, dit Garin, de toute cette eau noire!

Certe, un vin bourguignon serait meilleur à boire... »

Lambert, jeune et charmant, dit : « Moi, j'aimerais mieux

Manger de bons poissons qu'être mangé par eux!... »

Le mot de Godefroy prouvait un cœur plus digne :

« A tout ce qui survient je plie et me résigne,

Dit-il, et je mourrai content et sans effroi,

Mourant avec les preux, à côté de mon roi!... »

Guy chantait doucement : « Si j'étais l'hirondelle,

Je m'envolerais vite au pays de ma belle.

J'irais, je reverrais sa tour, son doux berceau,

Si j'avais ce bonheur d'être petit oiseau. »

Debout au gouvernail, cependant, le roi Charle

Reste silencieux pendant que chacun parle;

Il serre le timon de sa robuste main;

Car le sage, au milieu des périls du chemin,

Veille pour le salut des passagers frivoles

Et tient que l'action vaut mieux que les paroles!

VIII

PATER OCEANUS

Numquid ingressus es profunda maris et
in novissimis abyssi deambulasti?
JOB, ch. XXXVIII.

Je flottais près du bord dans ma chaloupe errante.

Le ciel étincelait, l'eau calme et transparente

Attirait jusqu'au fond le regard enchanté,

Pareille au clair tissu qui trahit la beauté.

Heureux, je m'inclinais au rebord de la poupe ;

Et, par endroits, le flot, autour de ma chaloupe,

Se déroulait si pur, si lumineux, si clair,

Que mon œil dans cette eau voyait mieux que dans l'air.

En avril, en octobre, aux saisons les meilleures,

Qui de vous n'a perdu souvent de longues heures

A contempler, rêveur, le merveilleux tableau

Qui rayonne, qui tremble et rit au fond de l'eau?

Non, l'œil ne connaît pas de plus charmant spectacle!

Au regard, qui descend sous le flot sans obstacle,

Se révèlent d'abord, éclatants de reflets,

Des joyaux qui seraient l'orgueil de cent palais :

Merveilles à ravir les rois et les artistes,

Émeraudes, onyx, agates, améthystes,

Escarboucles, rubis, que le flot patient

Met un siècle à polir, rien qu'en les charriant.

Ces richesses, qui font clignoter les paupières,

Ne sont que des cailloux pourtant, que d'humbles pierres;

Hors de l'eau, vils galets que l'on foule en passant,

Diamants sous la vague où le soleil descend ! —

Après ce long ruban d'humides pierreries,

S'étendent des gazons frais et verts, des prairies

Telles que le rayon d'un printemps généreux

N'en fait point verdoyer sur un sol plantureux.

Qu'ils sont beaux ces jardins qu'aucun soleil ne fane !

Qu'ils sont brillants à voir, sous l'onde diaphane,

Ces vergers où chaque arbre, émaillé de couleurs,

Porte des fruits vivants et de vivantes fleurs !

Là fourmillent, au sein des ondoyants feuillages,

Les peuplades des eaux, poissons et coquillages;

Là, des tribus sans nombre, entre les roseaux verts,

Cachent leurs nids, leurs jeux et leurs instincts divers.

A promener son œil sur cette mer sans bornes,

On croirait du néant voir les domaines mornes.

A la face des eaux n'arrêtez pas vos yeux;

Sondez, interrogez leur lit mystérieux :

Au-dessus, c'est la mort; au-dessous, c'est la vie,

C'est la flamme féconde, au ciel même ravie,

Pénétrant, échauffant, vivifiant au loin

Tout un monde inconnu dont Dieu seul est témoin !

Que d'aspects variés ce monde étrange embrasse !

La majesté, l'horreur, la puissance, la grâce,

Il unit tout : joyeux, terrible, triomphant,

Il épouvante l'homme, il amuse l'enfant !

Bercé par mon bateau dans une extase vague,

J'allais donc, et de l'œil je plongeais sous la vague,

Et je voyais, à peine éclos du lit natal,

Les agiles poissons nager en plein cristal.

Jamais plus bel essaim n'avait diapré l'onde.

Autour de ma nacelle, ils passaient à la ronde,

S'approchaient, s'écartaient et revenaient encor :

L'un, rapide et brillant comme une flèche d'or;

L'autre, pour mieux montrer sa robe verte ou bleue,
Frôlant à peine l'eau d'un mouvement de queue ;
Tous merveilleux à voir, violets, rouges, blonds ;
Des jardins de la mer c'étaient les papillons !

Or, au sein de la vague où tant de splendeur brille,
Tandis que mon regard suivait cette escadrille,
Vers de lointains aspects mon esprit émigrait,
Et du riant tableau j'étais par eux distrait.
Aux grâces de la mer je confrontais ses forces :
Monstres de l'onde arctique, ours cruels, phoques, morses
Je vous voyais surgir de vos antres neigeux ;
Je voyais vos amours, vos colères, vos jeux.
Tu sortais tout à coup des banquises du pôle,
Toi qui transporterais un mont sur ton épaule,
Toi qui, dans un seul jour, parcours trois océans ;
O terrible colosse, ô géant des géants,
Dont le poëte Job, accroupi sur sa paille,
Fut seul digne autrefois de mesurer la taille !
C'est lui, Léviathan ! le potentat des mers !
Il vient, troublant au loin ses domaines amers.
Les flots, quand il franchit superbement l'espace,
Se murmurent entre eux : « C'est notre roi qui passe ! »
Rivaux de son essor, les vents les mieux ailés

Derrière lui bientôt s'arrètent essoufflés.

Prompt comme la pensée, il court d'un pôle à l'autre;

Il plonge au fond des mers, dans leur fange il se vautre,

S'étend sur les trésors des vaisseaux engloutis,

Comme un Sardanapale aux plaisirs abrutis.

Au-dessus de l'azur, son spacieux théâtre,

Il remonte; il s'y livre à quelque jeu folâtre;

De ses vastes évents il fait jaillir les eaux,

Dont se croisent dans l'air les lumineux arceaux.

Qu'un ennemi vers lui se dirige, il s'en raille.

Ses flancs ne sont-ils pas plus durs qu'une muraille?

N'est-il pas assez fort, s'il les atteint d'un choc,

Pour renverser les tours assises sur le roc?

Ce monstre a toutefois ses heures de tendresses.

Il a pour ses petits de charmantes caresses;

Il leur donne son lait, veille sur leur sommeil,

Sur son robuste dos il les prend au réveil;

Il les instruit dans l'art de fendre l'onde amère,

Les suit avec amour, — et jamais jeune mère

N'a le cœur plus ému de terreur et d'orgueil,

Lorsque son premier-né s'échappe de son seuil.

Ma barque, cependant, près du bord balancée,

A mon golfe natal ramenait ma pensée;

Et sous les flots, qu'émeut toute vie en travail,

Je voyais végéter les branches d'un corail :

Et je songeais à toi, mystérieux artiste

Dont le fragile ouvrage à la vague résiste,

A toi qui, lentement, dresses les longs réseaux

De cet arbre animé, la merveille des eaux !

Et je songeais à vous, autres peuples d'insectes,

Qui, d'un haut édifice occultes architectes,

Cellule par cellule, élevez le rocher

Où le vaisseau qui passe a peur de s'accrocher.

Et je voyais ramper, au pied des madrépores,

La sèche qui répand son encre par les pores,

Et voguer sur la mer, en pilote exercé,

L'argonaute vermeil dans sa valve bercé.

Oui, la vie est partout, disais-je, au sein des ondes !

Oui, le Dieu créateur qui prodigua les mondes

Dans l'abîme des eaux sema tant d'habitants,

Qu'à les nommer lui-même il userait le temps.

Au sein de cette mer et si large et si haute,

Colosse ou vermisseau, chaque vague a son hôte ;

Chaque flot écumant qui se brise à l'écueil

Y roule tout un peuple imperceptible à l'œil.

Foisonnantes tribus, peuplades fourmillantes,

Coquillages, poissons, vivantes îles, plantes,
Amoncelés aux bords, enfouis au milieu,
Quel œil les compterait, excepté l'œil de Dieu ?
L'homme dénombrerait plutôt, de grève en grève,
Les sables que le flux en collines soulève,
Ou le grain des épis que les champs ont donnés
A tous les fils d'Adam qui les ont moissonnés.
Oui, la vie est partout dans l'onde, elle y ruisselle;
La plus petite goutte en roule une étincelle;
Dans ces gouffres, dont Dieu seul connaît la hauteur,
Chaque atome est doué d'un germe créateur !

La nuit, quand un vaisseau fend les mers de sa quille,
Autour de lui, souvent, le flot s'allume et brille;
La bouillonnante écume en grains étincelants
Resplendit à sa proue, à sa poupe, à ses flancs.
Lui, présentant au feu sa poulaine hardie,
Poursuit sa route; il aime à voir cet incendie
Qui, sur l'abîme obscur semé joyeusement,
L'éclaire, inoffensif, de son scintillement.
Le spectacle offre aux yeux des beautés sans rivales :
Gerbes d'éclairs, serpents de phosphore, spirales,
Globules embrasés, losanges et réseaux,
Vont roulant, petillant, incendiant les eaux.

Alors, au gouvernail, le vieux patron qui veille

Du miracle fréquent lui-même s'émerveille ;

Et, spectateur novice, alors tout passager

Ébloui du prodige accourt l'interroger :

D'où naissent ces splendeurs dont ma vue est ravie ?

Qui donc au sein des eaux brille ainsi ? — C'est la vie !

C'est elle ! Tous ces corps, tourbillons enflammés,

La recèlent en eux, ils sont tous animés !

Cet immense foyer n'a pas une étincelle,

Pas une, qui n'en soit au moins une parcelle ;

C'est elle qui rayonne, et qui monte, et qui bout,

Et remplit l'Océan de l'un à l'autre bout !

« Ainsi donc, Océan, ô père prolifique,

A tout ce que contient ta couche magnifique,

A tout ce qui se meut dans ton immensité,

Tu dispenses les dons de ta fécondité !

Que dis-je ! franchissant les bords de son domaine,

Il les verse partout sur la planète humaine :

A tous les continents qui bordent son bassin,

Il prodigue à jamais les trésors de son sein.

Voyez-vous ces vapeurs sur l'onde agglomérées ?

Ce sont les eaux des mers sans cesse évaporées.

Nuages, elles vont verser la pluie aux champs

Que lézardait le feu des soleils desséchants.

Nuages, elles vont sur les cimes lointaines,

Alimenter sans fin les urnes des fontaines,

Des torrents écumeux féconder les berceaux :

Descendus de ces pics, tu verras les ruisseaux,

Les cascades d'argent, les rivières, les fleuves,

O terre, t'apporter les eaux dont tu t'abreuves !

Et le sol verdira partout, et, largement,

Les champs étaleront leur manteau de froment.

Oui, ces mille cours d'eau, que boit toute culture,

Du vieux père Océan sont la progéniture ;

Ce sont ses propres fils, que lui-même a chargés

De transporter ses dons au monde partagés.

A la base des monts qui recèlent les sources,

Ils vont, ces nourriciers, multipliant leurs courses.

Chacun sur son passage arrose vingt pays :

Rhin, Danube, Éridan, Nil, Gange, Tanaïs,

Meschacébé, Niger, Orénoque, Amazones,

Des peuples différents réjouissent les zones ;

Ils courent en semant le long de leur chemin

Les tributs que, pour vivre, attend le genre humain.

Et vers le lit natal tous dirigent leur marche ;

Et toi, vieil Océan, ô père ! ô patriarche !

Qui de tes fils errants attendais le retour,

Tu leur ouvres ton sein qui tressaille d'amour!... »

Je disais, et la nuit, lentement descendue,

De ses ombres déjà revêtait l'étendue ;

Et je voyais au ciel poindre les astres d'or ;

Et mon esprit, dont rien ne fatiguait l'essor,

A peine revenu des profondeurs de l'onde,

Sondait cet autre azur qu'aucun regard ne sonde,

Cet infini des cieux au scintillant rideau,

Près de qui l'Océan n'est qu'une goutte d'eau !...

Et moi, frère du ver qui rampe dans la vase,

Je parvenais, tremblant, au sommet de l'extase ;

Et, de ta gloire immense infime adorateur,

Je me précipitais en toi, seul Créateur,

En toi, seul Océan de vie universelle,

Père de qui tout sort et vers qui tout ruisselle,

En qui seul s'accomplit, durant l'éternité,

Le mystère d'amour et de fécondité !

Père, à qui les soleils rendent tous leur hommage,

Et dont notre Océan n'est que l'indigne image !

MARE VELIVOLUM

Où vont ces vaisseaux aux vives allures
Qui, sortant du port, nous disent adieu?
Où vont ces vaisseaux aux blanches voilures
Que mon œil poursuit à l'horizon bleu?

Ils vont, dispersés sur les vastes ondes,
Explorer des bords inconnus de nous;
Loin de ce rivage, ils vont voir des mondes
Mille fois plus beaux, mille fois plus doux.

Mais nul, dans son vol, n'atteindra la grève

Du pays où tend mon désir lointain;

Car le monde, hélas! que mon âme rêve

N'est aucun de ceux qu'un navire atteint!...

X

A MADAME ÉLISE DE G***

EN RÉPONSE A DES STANCES ADRESSÉES A L'AUTEUR
SUR SES POÉSIES MARITIMES.

Oui, j'aimai, je chantai, dès ma saison première,
  Ce fluide élément,
Ces espaces d'azur où l'àme, heureuse et fière,
  Plane si librement.

Oui, le mouvant tableau de cette onde où se mire
  Le chœur des astres d'or
Me fut cher comme à toi, — sirène que j'admire
  Sans te connaître encor !

Mais, depuis, entraîné loin des eaux dont la houle
     Berce les matelots,
Je vis de près le siècle et je hantai la foule,
     Mer aux arides flots!

Dans ce triste Océan qui s'agite et qui souffre,
     Et qui roule des pleurs,
Spectateur attristé, je mesurai le gouffre
     Des humaines douleurs.

Aujourd'hui, grâce à vous, femme à la voix touchante,
     Penseur moins soucieux,
Je regagne le bord de l'Océan qui chante
     Et reflète les cieux.

Là, tandis que la nuit brode sa sombre toile
     D'astres brillants et doux,
L'œil fixé sur la vague où se lève une étoile,
     J'aime à songer à vous;

A vous dont les beaux vers, sur l'aile de la stance,
     M'apportent leur douceur;
A vous, en qui mon âme, à travers la distance,
     Déjà rêve une sœur;

A vous dont je devine, infaillible prophète,

La grâce et la beauté,

Comme on devine l'or dont une lyre est faite

Au son qu'elle a jeté !

XI

LA COTE D'ITALIE

Te voilà donc enfin, toi si longtemps rêvée!
Des eaux que je sillonne enfin tu t'es levée,
Italie, où tendaient mes vœux les plus constants!
O terre! terre antique et toujours si nouvelle,
Laisse-moi te bénir, toi que Dieu me révèle
Sous le premier rayon d'un matin de printemps.

Te voilà! c'est bien toi qu'adore tout artiste:
Pays de grâce austère et de majesté triste,
Endormi sous l'azur d'un ciel toujours serein;
Vieux foyer qui jetas jadis tant d'étincelles:
Auguste région, la plus sainte entre celles
Qu'aborde avec respect le barde pèlerin!

Oui, c'est toi; c'est ton ciel, pure et sublime tente,

Radieux pavillon d'où l'aurore éclatante

Descend sur tes sommets rajeunis chaque jour.

C'est bien ta blonde mer, dont la vague te presse,

Et qui, t'enveloppant d'une immense caresse,

Murmure à tes deux bords son éternel amour.

Ce sont bien là tes monts teints de pourpre et de rose,

Tes Apennins brillants où la neige repose,

Couronne qui survit à ton royal destin !

C'est bien là l'heureux sol qui réunit sans cesse

L'antiquité rigide à la verte jeunesse,

Les débris d'un vieux siècle aux roses d'un matin.

Ce sont bien les senteurs de tes douces collines,

Parfums des orangers, parfums des aubépines

Qui, jusques à nos mâts, nous viennent dans le vent!

Ce sont bien là les bruits annonçant tes approches :

Chansons de tes hameaux, carillons de tes cloches,

Que, des bords du navire, on écoute en rêvant.

Au vol du paquebot, galère diligente,

Il est doux d'explorer cette côte changeante,

Arabesque dont l'œil admire chaque anneau :

Palmiers, clochers, maisons de soleil irisées,
Bourgades que la langue a si bien baptisées :
Ventimille, Albenga, Noli, San-Stefano.

Au fond du golfe pur, enfin brille et s'étale
Gênes, ville des fleurs, cité monumentale,
Où la nature aux arts toujours se maria ;
Gênes qu'avec amour nomme la Ligurie,
Et qui nomme elle-même, orgueilleuse patrie,
Les deux marins géants : Colomb et Doria !

O fortuné pays! depuis les anciens âges,
Depuis que les vaisseaux apportent à tes plages
De pieux voyageurs attirés par ton nom,
Jamais un pèlerin, poëte au cœur de flamme,
N'éprouva mieux que moi cette extase de l'âme
En voyant émerger ta côte à l'horizon.

Ce que j'y viens chercher, ce n'est pas, dans ta poudre,
La trace des Césars tombés avec leur foudre :
C'est celle des seuls dieux dont l'empire survit,
C'est le sol des esprits vierges de tout mélange, —
Où peignit Raphaël, où sculpta Michel-Ange,
Où parla Cicéron, où Virgile écrivit!

Mère de tous ces dieux, j'arrive et te salue !

Je te salue, ô plage entre toutes élue

Pour charmer les esprits et séduire les yeux ;

Terre de poésie en prodiges féconde,

Que Dieu, dans sa bonté, confie à ce bas monde

Comme un fragment sacré du royaume des cieux !

Heureux le flot qui roule, à tes grèves fidèle,

Heureux l'oiseau rapide, heureuse l'hirondelle

Qui sur tes bords en fleurs va descendre avant moi !

Heureux chaque vaisseau qui vogue vers ta rive !

Heureux tout jeune cœur qui sous ton ciel arrive !

Heureux tout ce qui nage et court et vole à toi !

.

A bord, le 6 avril 1840.

SUR UNE PLAGE DU LATIUM

Sans avoir vu passer une figure humaine,
J'ai suivi, tout le jour, le rivage latin ;
Seul et n'obéissant qu'au hasard qui me mène,
Tout le jour, j'ai foulé le bord de ce domaine
Où chaque pas évoque un fantôme lointain.

Ces grèves, qui dormaient hier silencieuses,
D'un terrible fracas partout grondent ce soir :
Bruit des forêts de pins, craquement des yeuses,
Hurlement sur l'écueil des ondes furieuses,
Cris d'oiseaux effarés tournant sous un ciel noir.

Hâtons le pas : en vain cent débris historiques

Appelleraient encore un hommage, un coup d'œil.

Assez je vous ai vus, vieux temples, vieux portiques,

Monuments si peuplés, si beaux, aux jours antiques,

Si remplis désormais de néant et de deuil! ·

Maintenant que le soir précipite sa chute,

Que la nuit me saisit de son âpre fraîcheur,

Pour abriter mon front à la tempête en butte,

D'un pâtre hospitalier trouverai-je la hutte,

Ou le toit de roseaux de quelque brun pêcheur?

Verrai-je, à l'horizon de ma route inconnue,

Surgir une lumière, apparaître un rayon?

Ou faudra-t-il enfin prendre la roche nue

Pour chevet, et dormir, seul ici, sous la nue,

Comme autrefois Énée arrivant d'Ilion?

Ah! dût le flux grondant me rouler sur la plage

Comme un débris de barque empreint de sel amer ;

Dût la libre cavale ou le buffle sauvage

Me fouler au galop, en venant au rivage

Aspirer la tempête et répondre à la mer ;

Je n'en bénis pas moins l'heureuse destinée

Qui, si loin de Paris, sur ces bords m'a conduit,

Vous offrant, vous livrant mon âme fascinée,

O liberté première, ô terre abandonnée,

O mer tempétueuse et mugissante nuit!

XIII

A UNE JEUNE PASSAGÈRE

SUR LE PONT, PAR UNE NUIT DE TEMPÊTE.

Quoi ! vous dans cette nuit, jeune et pâle inconnue !
Étrangère, et pour moi cependant déjà sœur !
Sur ce pont ténébreux, quoi, vous êtes venue
De l'ouragan terrible affronter la noirceur !

Afin d'étudier cette mer en colère
Dont les flots mugissants bondissent par troupeaux,
Vous avez, sous le pont, laissé votre vieux père
Et le hamac flottant qui donne le repos !

Ah ! ce qu'il vous faudrait à vous, ô jeune fille,
Ce n'est pas la tempête aux affreux tourbillons ;

C'est une nuit de mai, quand tout l'azur scintille,
Quand le rossignol chante à l'écho des vallons ;

Ce serait la villa des collines heureuses,
Où, penchée au balcon de parfums inondé,
Vous pourriez aspirer les brises amoureuses,
Et voir luire un beau ciel, d'étoiles tout brodé.

Et pourtant vous venez, du sabord d'un navire,
Contempler cette mer qui se creuse en tombeaux,
Interroger la voix du flot qui se déchire,
Et du vent qui s'engouffre aux voiles en lambeaux !

Dites ! qui vous a fait, à vous pareille aux anges,
Cet attrait du péril, ce besoin de terreurs ?
D'où te viennent, enfant, ces caprices étranges ?
D'où te vient cette soif des suprêmes horreurs ?

L'étoile n'aime pas le ciel noir qui la voile,
La colombe n'a pas les instincts de l'aiglon :
Qui donc a mis en vous colombe, en vous étoile,
L'amour de l'éclair fauve et de l'àpre aquilon ?

Ah ! je le sens : il est, à l'époque où nous sommes,
Un terrible démon qui court de toute part,

Qui souffle dans le cœur des enfants et des hommes,
De la vierge naïve et du morne vieillard.

Travaillés nuit et jour d'une sombre folie,
Nous sommes tous enfants d'un siècle infortuné :
Et toute jeune fille est la sœur d'Amélie,
Ainsi que tout jeune homme est frère de René.

Et nous aspirons tous, pensifs, baissant la tête,
Vers quelque Dieu caché que rien ne dévoila ;
Et nous le poursuivons jusque dans la tempête,
Et nous disons partout : « Il est peut-être là ! »

XIV

LES NUITS DE NAPLES

Adspirant auræ in noctem.
VIRGILE.

Après ces jours d'été dignes du ciel numide,
Quand le soleil a fui sous l'occident en feu,
Heureux qui vient, le soir, sur la falaise humide,
Dilater ses poumons à l'air du golfe bleu !

Est-il parfum meilleur que celui de ces plages ?
Que ce vent de la nuit, aux retours attendus,
Qui mêle des senteurs d'algue et de coquillages
Aux odeurs des citrons sur la mer suspendus ?

Nuit suave! le flot, sans ride et sans secousse,
Repose; il n'atteint pas jusqu'au sable du bord.
Sa caresse au rivage, intermittente et douce,
Semble un dernier baiser de femme qui s'endort.

Pas un bruit à la rive : au ciel pas une tache.
D'une clarté diurne on dirait qu'il reluit.
Est-ce qu'un jour sans fin à ce beau ciel s'attache,
Et, d'un éclat vainqueur, brille à travers la nuit?

Ce jour n'est pas le jour dont la lumière embrase;
Il ne réchauffe plus, mais il éclaire encor.
Il revêt les coteaux d'une tremblante gaze
Que les anges de l'air tissent d'argent et d'or.

Comme un pâle réseau, cette lueur qui tombe
Ne cache rien à l'œil dans l'immense horizon :
Voilà le Pausilippe, où Virgile a sa tombe;
Là, Sorrente, où le Tasse eut sa pauvre maison.

Voici la Margelline, où l'esquif qu'il amarre
Berce encor le pêcheur qui chante avec l'écho.
Plus loin, c'est Portici; salut, Castellamarre!
Salut, jardins en fleurs de Torre-del-Greco!

De tous les hauts balcons ombragés de leurs nattes,
De tous les humbles seuils ornés de verts festons,
S'élèvent des appels, des chansons, des sonates,
Dont la guitare excite ou modère les tons.

Sous un bouquet de pins, qu'éclaire un rayon vague,
Et dont les parasols se projettent sur l'eau,
Un groupe de baigneurs se joue avec la vague,
Et de profils errants embellit ce tableau.

Qu'entends-je? à mon oreille une note divine
Arrive; elle est joyeuse et rit en expirant.
A ce timbre argentin la femme se devine,
Comme une lyre aimée aux accords qu'elle rend.

Oui, c'est un jeune essaim de femmes et de filles :
Confiant à la nuit leurs folâtres ébats,
Elles ont suspendu leurs voiles aux charmilles,
Et, dans le flot ému, s'avancent pas à pas.

Et l'amoureuse mer les prend et les balance,
Et les fait tressaillir de joie et de frissons;
Et leur voix réjouit le nocturne silence ;
Et la brise qui passe en disperse les sons.

O Naples! doux tombeau de l'antique Sirène,

As-tu donc retrouvé sur tes sables d'argent

Ces filles de la mer qui, dans la nuit sereine,

Se donnaient à la vague et chantaient en nageant?

O Méditerranée! ô lac des eaux limpides,

Que tant de corps divins fendaient de leurs bras nus,

Es-tu toujours la mer des blanches Néréides?

Es-tu toujours la mer qui vit naître Vénus?

XV

PULCHRA NIMIS

Dans la rade où se joue une brise odorante,
Aujourd'hui je voguais, au retour de Sorrente.
Je rapportais à Naple un radieux butin,
Un beau thyrse de fleurs écloses du matin,
Merveilles de ces bords, telles qu'à sa Madone,
Le premier jour de mai, Sorrente seul en donne :
Couleurs, parfums, rosée, épanouissement !
Malgré mes deux rameurs, je voguais lentement.
Tout à coup, vif oiseau dont la plume étincelle,
A passé près de nous une agile nacelle ;
Elle allait à Sorrente, à juger par l'essor
De son foc, qui brillait comme une lame d'or.

A sa poupe un rameur, — vieillard au poil de neige, —
A sa proue une femme, une reine, que sais-je !
Jamais femme ici-bas, jamais royale enfant
N'a levé sous le ciel un front plus triomphant.
Ses opulents cheveux, noirs comme la nuit même,
Autour de ce front blanc nouaient leur diadème,
Où flottaient et brillaient, aux tresses du bandeau,
Deux tiges de jasmins chargés de gouttes d'eau.
Son œil, — oh ! qu'il fera souffrir quelque pauvre âme !
Son œil lançait l'éclair que projette la rame,
Quand, sortant de la mer aux reflets du couchant,
Elle luit et reluit comme un acier tranchant.
Un corsage aminci de velours écarlate,
Une jupe où la hanche aisément se dilate,
Un collier de corail faisant deux ou trois tours,
Une croix d'or au sein : voilà ses seuls atours.
Sa lèvre, comme un arc sous la main qui le plie,
Se courbait de dédain ou de mélancolie ;
Et, tandis qu'un bras nu portait son front charmant,
L'autre, dans le flot clair, pendait négligemment.
Extase de mes sens, trop vite évanouie !
Sa nacelle volait sur la mer éblouie :
Je n'ai pu que lancer d'une rapide main
Toutes mes fleurs vers elle, et l'atteindre en chemin.

Elle, sans simuler ni crainte ni surprise,

A vu tomber la gerbe à ses pieds, — et l'a prise

D'un geste simple et lent, comme un hommage dû,

Comme un don de vassal qu'un regard m'a rendu.

Ah ! j'étais trop payé de mon indigne hommage,

O superbe inconnue, adorée au passage!

Vous emportiez mes fleurs; moi, l'esprit enchanté,

J'emportais ton image, éclatante beauté!

XVI

LA GROTTE

Assiduo resonat cantu.
VIRGILE.

Midi! pas un nuage au ciel que ton œil sonde!
Vaste sérénité! Pourtant, si le ciel dort,
L'onde veille : là-bas, sous un cap, elle gronde ;
Ici, sur les cailloux, elle gazouille au bord.

Comme elle y berce bien cette felouque vide,
Dont les noirs matelots, à terre, en plein soleil,
Reposent, assoupis par la chanson liquide
Que le flot amical dédie à leur sommeil!

17

Sur le sable poli, comme elle court et fume !
Vois! si ton pied léger la défie en passant,
Elle vient le mouiller d'une rapide écume ;
Puis, vers son lit pierreux, vite elle redescend.

Qu'elle est belle, cette eau qui scintille et qui tremble ;
Cette nappe d'azur où pénètre le jour,
Cette mer qui te voit, qui te parle, qui semble
Un immense sourire étincelant d'amour !

Midi ! viens dans la grotte aux murs tendus de lierre ;
Allons nous reposer sur nos tapis de joncs.
Enfant, tu chanteras, de ta voix familière,
L'hymne des jours heureux qu'ici nous abrégeons.

Ou bien, couple rêveur, dans l'ombre et le silence,
Nous nous contenterons d'entendre, ô ma beauté !
Ce cantique éternel que chaque flot cadence,
Ce chant de l'infini que Dieu même a noté !

Un concert de Mozart, le séraphin terrestre,
Peut lasser l'auditeur trop longtemps suspendu ;
Mais, sous l'archet de Dieu, la mer est un orchestre
Que les hommes jamais n'ont assez entendu.

Cris d'amour, chants de deuil, colères, agonies,
Baisers, rugissements, fanfares de vainqueurs :
Elle a tous les accords, toutes les harmonies,
Qui s'exhalent sans fin de la lyre des cœurs!

Soit aux vastes forêts, soit aux vents, soit à l'onde,
Quand Dieu donne une voix, et leur dit de chanter,
C'est une langue étrange, une langue profonde,
Immense, qu'à genoux on devrait écouter.

Elle est toujours la même, elle est toujours diverse;
Et, malgré les climats, les siècles différents,
L'homme, dont la pensée avec elle converse,
Lui dit : Parle toujours, parle, je te comprends!

C'est que chacun de nous, myriades sans nombre
D'oiseaux expatriés dont le ciel fut le nid,
Prête à sa passion, à son rêve, à son ombre,
L'idiome éternel que parle l'infini !

C'est qu'au rivage, enfin, cette voix, suivant l'heure,
Me traduit ma tristesse, ou mon doute ou ma foi;
C'est que, si tu t'en vas, avec moi le flot pleure,
Et que, si tu reviens, le flot chante avec moi!

XVII

MER CALME

Il est nuit : la mer dans son lit repose,
Assoupie au loin si tranquillement
Que pas une brise, à cette heure, n'ose
Troubler d'un baiser son recueillement.

Sans murmure aucun, sans aucune ride,
Qu'elle est belle à voir, cette mer qui dort,
Laissant admirer dans le flot limpide
A la claire nuit ses étoiles d'or !

Pour jouir ainsi de ce calme immense,
Quel est ton secret, ô mer ? dis-le-moi !
Car je sais un cœur, un cœur en démence,
Qui voudrait enfin dormir comme toi !

XVIII

NUIT DE MAI

Avec Lœtitia, ma blonde souveraine,
Auprès de qui les rois seraient fiers de s'asseoir,
Je suis venu goûter la volupté sereine
De respirer à deux l'air embaumé du soir,
De saluer là-haut ces premières étoiles
Dont le rayon lointain nous invite à rêver :
Matelot, matelot, laisse tomber tes voiles;
Notre rêve est si doux que je veux l'achever !

Extase où, sans effort, tout chagrin se dissipe !
Du ciel et de la mer contempler les couleurs,
Aspirer dans le vent, qui vient du Pausilippe,
Le parfum des citrons et des lauriers en fleurs;

Sentir si près de soi la femme qu'on adore,

Voir son sein par moments d'amour se soulever!

Matelot, matelot, ne rentrons pas encore :

Notre rêve est si doux que je veux l'achever!

Ses cheveux dénoués que l'ivoire abandonne,

Mêlés à mes cheveux, flottent au même vent ;

Son front penche ; ses doigts, de fée ou de Madone,

Frémissent dans ma main sous mon baiser fervent.

Loin des jaloux déçus, loin des perfides trames,

Le bonheur est ici pour qui sait le trouver :

Matelot, matelot, laisse pendre tes rames ;

Notre rêve est si doux que je veux l'achever !

XIX

HARMONIE

Regarde cette mer : pourquoi, toute limpide,
Déroule-t-elle au loin ses lumineux réseaux ?
A sa face, pourquoi n'a-t-elle aucune ride ?
C'est qu'un ciel clair et doux brille au-dessus des eaux.

Eh bien, que cet azur subitement s'efface,
Que, derrière la nue, il rentre obscurément ;
Les flots à la même heure, agitant leur surface,
Les flots partageront le deuil du firmament.

Admire ce concert ; et dis, beauté que j'aime,
Si je m'unis à toi d'un accord moins réel !

Non, l'étroite harmonie entre nous est la même :
Mon âme est une mer dont tes yeux sont le ciel.

Tes grands yeux adorés sont-ils voilés d'une ombre,
Triste pressentiment, souvenir douloureux, —
Soudain mon âme souffre, elle pleure, elle est sombre;
Mon âme est une mer sous un ciel ténébreux.

Tes yeux de séraphin, aux cils de blonde soie,
Sont-ils pleins de rayons et de songes flottants,
Mon âme tout à coup s'illumine de joie ;
Mon âme est une mer sous un ciel de printemps.

Tes yeux enfin, tes yeux, à l'heure de l'extase,
Osent-ils dire : Amour ! amour et volupté !
Mon âme à leur ardeur étincelle et s'embrase,
Mon âme est une mer sous le soleil d'été !

XX

L'IDYLLE AU RIVAGE

N'as-tu pas appris à expliquer les songes?
THÉOCRITE (les *Pêcheurs*).

Sous trois lauriers touffus, à l'endroit de la plage
Marqué par un tombeau qu'on salue au passage,
Marbre des temps d'Auguste aux angles ébréchés,
Tous deux sont, près de l'eau, nonchalamment couchés.
Couple heureux, enfants purs! la jeunesse première
Leur prodigue à chacun sa fleur et sa lumière :
Lui, simple matelot connu des goëlands,
Déjà fort et hardi sous des airs indolents,
Expert, de si bonne heure, à la pêche, à la nage :
Sa joue a le duvet qui fleurit au jeune âge;

Sa vigoureuse épaule, aux reflets chauds et blonds,

Porte royalement une veste en haillons.

Elle, front de quinze ans, grand œil, bras déjà ferme :

Peut-être était-ce hier la fleur encore en germe;

Aujourd'hui, mûrissant au soleil de l'amour,

C'est un fruit savoureux et parfait de contour.

Au corsage de drap qu'aucun ruban n'émaille,

Qu'elle dessine bien la courbe de sa taille !

De quel geste mutin, et pourtant ingénu,

Elle agace le flot qui mouille son pied nu !

Le jour touche au déclin; de Pouzzole à Caprée,

S'étend, voile sans pli, la mer tout empourprée.

Les enclos, les jardins qu'embaume la saison,

Abandonnent au soir leur molle exhalaison;

Et la brise, qui court sur la plage fleurie,

Recueille des amants l'errante causerie.

LÆTITIA.

Sous mon toit de roseaux je dormais cette nuit :

D'un songe que j'ai fait l'image me poursuit.

SILVIO.

Dis-moi ton rêve... Heureux le chevet où se pose,

Le soir, quand tu t'endors, ta tête moite et rose !
Heureux le lit de jonc, par toi-même tressé,
Où s'allonge ton corps mollement affaissé !

LÆTITIA.

Sous de sombres couleurs cette histoire commence :
Je me suis vue assise au bord d'un gouffre immense,
Parmi des bois en deuil plantés sur des récifs.
Le vent sifflait ; la mer avec des bruits plaintifs
Se brisait aux écueils ; une mer écumante
Comme en hiver, parfois, dans les soirs de tourmente.
J'étais là, toute seule ; — immobile d'effroi,
Je regardais les flots et je pensais à toi :
Que devient-il ? disais-je. Est-il en sa demeure,
Ou sur l'onde funeste erre-t-il à cette heure ?

SILVIO.

Pour un si tendre aveu, dis-moi, que te faut-il ?
Veux-tu me voir braver pour toi quelque péril ?
Que, les deux bras liés, au fond des mers je plonge ?...
Achève cependant le récit d'un tel songe.

LÆTITIA.

L'horreur, bientôt, fit place à la sérénité.

A travers les rayons d'une fraîche clarté,

Je t'aperçus : profil d'abord confus et vague,

Du lointain horizon tu venais sur la vague.

Tes pieds, sans y plonger, foulaient son bleu cristal.

En tes bras un objet, que je distinguais mal,

Semblait, à ton effort, un roc de poids énorme.

Tu parvins jusqu'à moi ; je reconnus sa forme :

C'était un grand poisson, qui, par nous entr'ouvert,

Nous livrait un trésor en ses flancs découvert.

SILVIO.

Un trésor !...

LÆTITIA.

Des rubis, des perles, des merveilles !

Les rois à leur couronne en ont seuls de pareilles.

Joyeux, tu les semais devant moi par milliers,

Les rangeant sur le sable ainsi que des colliers,

Les faisant resplendir au soleil qui s'y joue,

Essayant leur éclat à mon front, à ma joue ;

Me disant : Tiens ! à toi saphirs, perles, rubis :

Pares-en tout ton corps, charges-en tes habits :

La rude pauvreté pour toi n'était point faite.

Que ce jour dans ta vie ouvre une longue fête !

SILVIO.

O songe éblouissant!... que Dieu, dans sa bonté,

N'en fait-il, dès cette heure, une réalité !

Qui sait ? grande est la joie où ton récit me plonge.

La vérité souvent nous parle dans un songe.

J'en crois à l'avenir ; nous devons être un jour,

Moi prince couronné, toi reine dans ta cour.

Nous vivons, nous dormons, dans la soie et l'hermine.

Rien ne vaut ta beauté, sinon ma fière mine,

Alors que je descends le perron du château,

Et qu'un page me suit, soulevant mon manteau !...

Tandis que le pêcheur prononçait ces paroles,

Un vieillard, son patron, revenu de Pouzzoles,

L'appela : — Paresseux, qui dors sur le galet,

Debout! viens avec nous retirer le filet. —

Aux douceurs de cette heure arraché non sans peine :

— Allons ramer, dit-il. Adieu, ma souveraine !

Triste et lent, il marchait. Au détour du chemin,

Il aperçut encor le geste d'une main.

Une voix s'éleva qui, du haut de la grève,

Criait : — Rapporte-moi le poisson de mon rêve !

XXI

LE GOMBO

SOLITUDE AUX ENVIRONS DE PISE.

A LADY ˙˙˙.

Béni soit votre accueil, reine d'une cabane!
Merci de m'amener à travers ce beau lieu,
Désert où vous vivez, loin d'un monde profane,
Avec la paix du cœur et les conseils de Dieu.

Comme vous, je connais l'étrange inquiétude
Qui loin de nos cités vous emporte souvent,
Qui vous a fait chercher, dans un séjour si rude,
Le bonheur d'être seule et de vivre en rêvant.

Oui, je sais qu'il est doux d'errer sur un rivage,

De suivre, le matin, la lisière des bois,

Et d'écouter longtemps la musique sauvage

Des vagues et des pins qui chantent à la fois;

De contempler, du bord, le calme et la tourmente,

Et, promeneur perdu dont nul ne se souvient,

De voir, sur une mer orageuse ou dormante,

La voile du vaisseau qui part ou qui revient;

D'habiter sur la grève une étroite chaumière,

D'un vieux pêcheur toscan mince et tremblant réduit,

D'y méditer, le soir, à la seule lumière

Qu'à travers la fenêtre une étoile introduit;

De n'avoir pour amis que les divins poëtes

Qui vous chantent tout bas leurs vers mélodieux,

Et pour enivrements, et pour uniques fêtes,

Que les songes dorés qui descendent des cieux!

Comme vous, j'ai l'amour de cette aride grève

Où Byron promena ses orageux loisirs,

Où, la nuit, à cheval il courait vers le rêve

Que poursuivaient partout ses vagabonds désirs.

Sur ce même rivage, aux confins du bois sombre,
Quand vous errez, le soir, l'œil au ciel étoilé,
Avez-vous quelquefois rencontré sa grande ombre,
Et, comme frère et sœur, vous êtes-vous parlé ?

Que vous a dit alors le pâle et fier artiste ?...
En terrestres ennuis cœur entre tous expert,
Vous a-t-il expliqué cet instinct vague et triste
Qui nous fait demander un asile au désert ?

Le désert est ici, profond, paisible, austère ;
Le désert ignoré, sans guide et sans chemin,
Tel que l'on put le voir, au printemps de la terre,
Dans le vaste Orient, berceau du genre humain.

Voilà bien, sous nos yeux, la plaine asiatique ;
Ce mont que j'aperçois fait songer au Liban.
Allons-nous rencontrer Rachel au puits antique ?
Dînerons-nous ce soir au foyer de Laban ?

A qui sont ces chameaux et ces maigres chamelles[1]
Qui, nous voyant passer, vont brouter à l'écart ?

---

1. Les Pisans, au retour des Croisades, rapportèrent quelques-uns de ces
animaux, qui ont multiplié sur ce rivage.

A qui sont ces brebis aux pendantes mamelles?...
Chaque fils de Jacob en a-t-il une part?

Ces vieillards, ces enfants à l'œil mélancolique,
A travers la forêt dispersant leurs troupeaux,
Sont bien les chevriers de l'églogue biblique,
Les pâtres d'Israël, en tuniques de peaux.

Voilà bien le désert tel qu'on le vit encore
Quand les premiers chrétiens, insensés de la croix,
Cherchaient, pour tempérer la soif qui nous dévore,
La paix de l'âme en Dieu dans le calme des bois.

Mais ce que n'eut jamais aucune Thébaïde,
Ni grotte, ni couvent, ni vallon clandestin,
C'est une solitaire au corsage splendide,
C'est un anachorète en robe de satin;

Enfin c'est la recluse aux allures commodes,
Ne quittant qu'à midi son paresseux chevet,
Feuilletant la Genèse et le *Journal des Modes*,
Et donnant au désert des repas de Chevet!

Adieu, madame, adieu !... Ce soir, au crépuscule,
Je vais rouler encor sur le pont du steamer :
Ermite aux yeux charmants, alors dans la cellule,
Songez au pèlerin qui s'en va sur la mer.

Avant peu mes amis, dont vous fûtes l'amie,
Sur vous, sur votre sort, viendront m'interroger :
« Elle est, leur répondrai-je, en Mésopotamie,
Et vit comme la sœur de quelque roi berger !... »

Pise, avril 1840.

POST-SCRIPTUM

Ces vers que j'écrivais avec un gai sourire,
Voilà bientôt dix ans, dix siècles révolus !
Aujourd'hui, par hasard, j'ai voulu les relire,
Et c'est d'un œil en pleurs que je les ai relus !

Celle à qui j'adressais ce fugitif hommage,
Cette femme, démon d'esprit, ange de corps,
Dont le regard eût fait déraisonner un mage,
Dont la voix musicale eût réjoui les morts,

Qu'est-elle devenue? Ah! Dieu nous est sévère!
Vit-elle aux mêmes bords, respire-t-elle ailleurs?
Ah! demandez plutôt à Villon, le trouvère,
Où sont, de l'an passé, les neiges et les fleurs!

L'île qu'on a nommée un nid flottant de cygnes,
L'opulente Angleterre, avait bercé l'enfant;
Puis le monde avait vu, dans ses grâces insignes,
Partout la jeune femme errer en triomphant.

Paris, Vienne, Berlin, tout palais moscovite,
Tout rayonnant foyer de plaisirs et de maux,
La saluait au vol, venant et partant vite,
Comme un oiseau qui fuit de rameaux en rameaux.

De Florence à Madrid, de Pétersbourg à Malte,
Elle allait, elle allait, vif rayon, doux parfum;
Elle allait; et partout, dans sa rapide halte,
Cueillait un souvenir et vous en laissait un.

Quel était donc le but de sa course de flamme?
Voulait-elle tout voir, — ou partout se montrer?
Et le pressentiment lui disait-il dans l'âme
Que son pas, à ce jeu, devait s'accélérer?

C'en est fait ! elle habite enfin une demeure, —
Un séjour d'où jamais on ne revient, hélas !
Le repos, dont parfois elle essayait une heure,
Le repos a reçu pour jamais l'oiseau las.

Un jour qu'elle courait à travers l'Allemagne,
Un jour, que du vieux Rhin elle longeait le bord,
La mort, qui la suivait, invisible compagne,
L'atteignit sur la rive..., et c'est là qu'elle dort !

Ah ! d'un sommeil si prompt voyageuse endormie,
Reposez-vous, du moins, enfin tranquillement ?
Le calme est-il profond, dites-nous, ombre amie,
Dans un lit de roseaux du grand fleuve allemand ?

Sous ce ciel nébuleux, près de cette eau glacée,
Ne gardez-vous dans l'âme aucun regret amer ?
Je me suis dit parfois, ô pâle trépassée,
Que vous aimeriez mieux dormir près de la mer ;

Au bord de cette mer qui, de vous bien connue,
Chante un refrain si doux aux plages du Gombo ;
Sous ce beau ciel toscan qui, sans doute, insinue
Un caressant rayon jusqu'au fond du tombeau !

Pour moi, c'est seulement au pied d'une falaise,

Près du flot, dans un lit de sable et de soleil,

Que je crois, à mon tour, pouvoir dormir à l'aise;

S'il est vrai que pour nous la mort soit le sommeil!...

Mars 1849.

XXII

BORDIGHIERA

A ***.

C'est un charmant tableau : des toits sur la colline
    Que ceignent les palmiers;
Tuiles au rouge émail qu'un vieux clocher domine,
    Hanté par les ramiers ;

Des portes où la vigne arrondit son treillage,
    Et, devant les maisons,
Des barques de pêcheurs, qu'on retire à la plage
    Aux ingrates saisons ;

Sur les bois, sur les eaux, je ne sais quel sourire
    Qui descend d'un ciel clair ;
Je ne sais quelle paix qu'à toute heure on respire
    Dans la douceur de l'air...

C'est là que j'ai fixé ma course vagabonde,
    Aisément oublieux
De Rome et de Paris, de toute chose au monde
    Hormis de tes beaux yeux !

La maison que j'habite, indigente chaumière
    Qui se tient à l'écart,
Brode pourtant son mur d'une frise de pierre
    Ciselée avec art.

Un lierre envahisseur, touffu, maille par maille
    Grimpant et s'accrochant,
A si bien fait que l'œil ne voit plus la muraille
    Qui fait face au couchant.

Un oiseau familier chante sous la toiture ;
    Il mêle, heureux bouvreuil,
Sa voix au bruit des flots, qui de notre clôture
    Viennent blanchir le seuil.

J'ai pour hôte un pêcheur, à la mer toujours brave
            Quoique vieux et branlant,
Pour hôtesse une veuve au maintien noble et grave,
            Au parler rare et lent.

Tout le jour, à travers la maison solitaire,
            Elle rôde sans bruit,
Veillant encor, parfois, près de sa lampe austère,
            Une part de la nuit.

Quand, ses fuseaux en main, je la vois à sa porte,
            Debout sur les degrés,
Ie m'incline et je dis : « Voilà la femme forte
            Des poëtes sacrés ! »

A midi, sur ma table elle pose, attentive,
            L'œuf du jour, frais éclos,
Du lait, quelques fruits mûrs, qu'elle-même cultive
            En son modeste enclos.

Là, croissent à cette heure, auprès d'une eau courante
            Qui fuit dans le gravier,
L'œillet et la pervenche, à l'ombre transparente
            D'un antique olivier.

Ce matin, j'y cueillais, du bord de ma fenêtre,
Des feuilles de jasmin,
Souvenir odorant, qui, d'un pli de ma lettre,
Glissera dans ta main.

Que ne puis-je avec lui t'envoyer de ces plages
La couleur, le rayon,
Et ce chant de la mer qui vient sur les rivages
Me murmurer ton nom!

Côte de Nice.

XXIII

LA MER MORTE

A CHATEAUBRIAND.

O poëte! ô croyant, dont la voix souveraine
Nous émeut, nous séduit et partout nous entraîne!
Immortel pèlerin, qui portes dans tes doigts
Un bourdon plus brillant que le sceptre des rois!
Que tout enfant du siècle à ton nom rende hommage!
Nul n'a mieux enchanté les esprits de notre âge;
Fils d'un monde vieilli, sans amour et sans foi,
Pour le régénérer nul n'a fait plus que toi.
C'est toi qui, nous menant, multitude ravie,

Vers les mille climats qu'a visités ta vie,

Guide fascinateur, nous as fait traverser

Le monde tout entier, sans jamais nous lasser.

Dès tes premiers soleils, Dieu t'appelle : ton âme

D'Homère et de Colomb sentant la double flamme,

Tu pars, tu cours chercher un nouvel univers

Que révèle ta prose, — où puiseront nos vers.

Quelle était notre joie aux déserts d'Amérique,

Lorsque, frappant le roc de ton bâton magique,

Tu faisais ruisseler devant nous, frémissants,

Tout un fleuve inconnu d'harmonieux accents !

Forêts des premiers jours, savanes des Florides,

Que d'horizons ouverts, que d'images splendides !

Avec quel art divin ta main nous dévoila

Le vallon de Chactas et le ciel d'Atala !

Tu repasses bientôt l'immensité de l'onde ;

Au pays des aïeux tu reviens; le vieux monde,

Livré dans ton absence aux tempêtes du sort,

T'entretient au retour de ruine et de mort.

C'est alors, ô René ! qu'un jour ta fantaisie

Se réveille et nous mène aux rivages d'Asie ;

Elle plonge au désert, nous montrant chaque lieu

Dont le sol parle encor des miracles de Dieu.

Là, derrière un rempart de collines arides,

Sur des plages de cendre un lac étend ses rides.
Ta Muse le contemple, assise au bord mouvant ;
Puis de nouveau se lève et nous crie : « En avant! »
Mais la mienne aujourd'hui, simple fille de l'onde,
N'escorte pas plus loin ta course vagabonde ;
Pensive, elle s'arrête aux bords de cette mer
Dont sa lèvre, après toi, goûte le sel amer.

D'un antique anathème empreint à sa surface,
Dès le premier coup d'œil, on reconnaît la trace :
Aucune blanche écume, aucun frisson n'y court ;
Dans la saison brûlante, alors qu'il s'y déchaîne,
L'impétueux simoun lui-même agite à peine
Un flot qui se soulève et qui retombe lourd.

Dans son lit resserré, captive, elle est gardée
Par les monts d'Arabie et les monts de Judée,
Double mur en talus bordant ses pâles flots.
Étendue à leurs pieds, elle y reste assoupie,
Et, la nuit, on dirait l'eau dormante et croupie
Qui s'amasse dans l'ombre au pavé des cachots.

L'aloès, le palmier s'éloignent de ses plages ;
Elle ne connaît point le reflet des feuillages,

Ni la molle fraîcheur qui des rameaux descend ;
Un arbre, un arbre seul ose croître près d'elle ;
Le fruit en est brillant, mais l'écorce infidèle
Offre une cendre aride à la soif du passant.

L'œil d'un homme, jamais, n'a vu son onde oisive
Transporter un vaisseau de l'une à l'autre rive ;
Livrée à ses courants, toute barque s'y perd.
Au nageur odieuse, odieuse au pilote,
Cette morne surface où rien d'humain ne flotte
S'étend, désert liquide, au milieu du désert.

Dans les exhalaisons de la fétide mare,
Trahi par son instinct, si quelque oiseau s'égare,
Il tombe défaillant sur le gouffre empesté !
Au sein des flots épais que la mort seule habite,
De poissons émaillés nul essaim ne s'agite :
Solitude partout ! partout stérilité !

Mais au fond de ces eaux, dont une clarté louche
A mes yeux par moments laisse entrevoir la couche,
Quel étrange spectacle attire mes regards !
A travers le linceul des ondes immobiles,
J'ai cru voir et j'ai vu des squelettes de villes,
Murs croulants, toits rongés, décombres de remparts.

O mer! tu gardes mal ton sinistre mystère !

Non, tu n'as pas toujours, lac morne et solitaire,

De ta brume funeste empoisonné ces lieux :

Non, Dieu ne t'avait point ici marqué ta place,

Le jour où de l'abîme il mesura l'espace

Et sépara les eaux de la terre et des cieux.

Ta couche fut longtemps une plaine féconde :

Deux villes y riaient au soleil, et le monde

N'avait pas sous le ciel de plus belles cités.

Mais, rebelles aux lois de la nature sainte,

Les peuples qui roulaient de l'une à l'autre enceinte

En des crimes sans nom s'étaient précipités.

Là, des corruptions l'incestueux génie

Faisait à chaque seuil germer l'ignominie ;

Sur toute chair vivante il imprimait ses mains.

L'enfant à l'impudeur s'instruisait dans ses langes ;

Et l'homme et le vieillard convoitaient jusqu'aux anges

Qui, parfois à la nuit, traversaient les chemins.

L'herbe en fleur, au soleil, recevait les complices :

La débauche et la mort combinant leurs délices,

Le vin sur les pavés coulait avec le sang.

Si la place, au dehors, manquait à tant d'ivresses,
On entrait dans le temple, où le chœur des prêtresses
Adorait quelque dieu rampant et glapissant.

Dieu se leva, le Dieu qui lance l'anathème !
Dans un nuage ardent il descendit lui-même,
D'un déluge de feux il dévora leurs murs;
Puis, jaloux d'effacer des vestiges immondes,
Par-dessus leurs débris il fit rouler tes ondes,
Comme on jette un manteau sur des restes impurs.

Il ne fallut qu'un jour à l'œuvre de colère;
Et quand, le lendemain, l'astre qui nous éclaire
Reprit à l'orient sa flamme et son essor,
On eût dit que son disque hésitait sous la nue,
Surpris de rencontrer une mer inconnue
Aux lieux où deux cités furent la veille encor.

Depuis cette heure, ô lac ! du milieu de ton gouffre,
S'exhale une vapeur de bitume et de soufre.
Elle obscurcit tes eaux, charge tes bords fumants;
Et, lorsqu'à ta surface une tempête gronde,
Il semble que le peuple englouti sous ton onde
Mêle encore à tes bruits de sourds gémissements.

Et nul être vivant ne foule ton rivage,

Si ce n'est, quelquefois, un onagre sauvage

Qui passe, et de son cri fait retentir les airs ;

Ou l'Arabe de Tor qui vient par intervalle

Sur tes grèves, le soir, arrêter sa cavale,

Et, d'un vol fugitif, s'en retourne aux déserts !

DOUZE ANS APRÈS

Je t'écrivis un jour, tu ne répondis pas.

C'est bien ; que pouvais-tu répondre, à moi, pygmée,

Toi fièrement assis sur tant de renommée,

Toi géant, que le monde admirait de si bas !

Te voilà maintenant, sur ta grève bretonne,

Couché parmi ces rocs sans cesse ruisselants,

Où, dans les nuits d'hiver, l'Océan croule et tonne,

Où, dans les jours d'avril, nichent les goëlands.

Te voilà pour jamais entré dans une tombe

Dont toi-même, vivant, tu soignas les apprêts,

Pour que ton ombre un jour entendît de plus près
La mer, qui sur l'écueil toujours pleure et retombe.

O René! de mon siècle ô vacillant flambeau!
Songeur dont l'univers gardera la mémoire!
Je ne suis point jaloux de cette vaste gloire,
    Mais je le suis de ce tombeau!

Juillet 1848.

LIVRE TROISIÈME

COTES DE PROVENCE

I

NOSTALGIE

Quis dabit mihi pennas sicut columbæ.
et volabo?

PSAUME LIV.

Encore un jour de brume, encore un jour de pluie,
Un jour de solitude au coin d'un pâle feu !
Depuis un mois, Paris qu'aucun soleil n'essuie
Grelotte, et, l'œil tourné **vers** ses toits noirs de suie,
Vainement cherche au ciel une trace de bleu.

Perdu dans un hôtel, vaste et sombre demeure
Qu'habite autour de moi tout un monde inconnu,
Je regarde l'horloge et n'attends rien de l'heure ;
Et, derrière ma vitre où le vent souffle et pleure,
Je n'ai pour horizon qu'un mur lépreux et nu.

Il est pourtant, il est, loin de ce grand cloaque
Où tant de jeunes cœurs maudissent leur exil,
Loin de ces toits qu'opprime une nuée opaque,
Il est des cieux d'azur, beaux comme un ciel de Pâque,
Des jardins où novembre est riant comme avril !

Il est des archipels qu'un vent tiède parfume,
Des caps en fleurs que dore un soleil réchauffant,
Des plages que le flot baise de son écume,
Où, sans connaître encor ni l'ennui ni la brume,
Je vécus si joyeux, quand j'étais tout enfant !

Il est des matelots dont les blanches nacelles
Fendent en liberté des eaux de pur cristal...
Ah ! pour y retourner d'un élan de mes ailes,
Que ne suis-je un de vous, alcyons, hirondelles,
Qui, là-bas, voltigez dans mon golfe natal !

II

LA VISTE[1]

Il cuore mi balzava, come ad un innamorato
che rivede l'amata.

.

C'est elle, c'est la mer ! Enfin tu m'es rendue,
Enfin je te revois, magnifique étendue,
O mer, dont chaque flot luit comme un diamant !
Après un si long temps passé loin de ta rive,
Je reviens, et j'éprouve au moment où j'arrive
L'allégresse d'un fils et presque d'un amant.

Que de fois, dans l'exil, je rêvai de ta plage !
En vain j'ai vu briller sous un ciel sans nuage

1. On nomme ainsi, sur l'ancienne route de Lyon à Marseille, le point d'où l'on découvre la Méditerranée.

Des fleuves à pleins bords, miroirs de cristal pur;
En vain le bleu Tyrol m'offrit ses lacs splendides :
Les sillons de leur nappe imitaient mal tes rides,
Ils brillaient d'un azur qui n'est point ton azur.

Afin de retrouver un accord de tes ondes,
Je marchais attentif dans les forêts profondes,
Des murmures divers j'étudiais le sens :
Aux chênes, aux bouleaux pourquoi tendre l'oreille?
Est-il une musique à la tienne pareille?
Leur voix n'a que des sons, la tienne a des accents.

Égaré d'autrefois, dans quelque Babylone,
Aux quartiers où le peuple à flots noirs tourbillonne,
Je passais, écoutant son flux et son reflux;
Mais bientôt, le front bas, je sortais de la foule;
Hélas! dans ce fracas de notre humaine houle,
C'est le cri des douleurs qui domine le plus.

Et je disais : O mer! quand donc pourrai-je encore
Entendre tes refrains sur le galet sonore,
Tes rhythmes de bonheur durant les nuits d'été?
Chaque bruit de la terre est angoisse ou blasphème :

Tes bruits, et dans ton calme et dans ta fureur même,
Sont un hymne au Très-Haut, par lui-même noté!

La jeune illusion berçait alors mon âme !
Peut-être que sa voix, disais-je, me réclame,
Que sa vague en pleurant appelle mon retour.
Car pour qui maintenant se ferait-elle entendre?
Quelqu'un sur son rivage est-il pour la comprendre?
Qui pourrait, après moi, l'aimer de tant d'amour?

Je naquis sur ses bords : au refrain de la vague,
Ma mère entremêlait quelque chant triste et vague
Alors qu'elle attirait le sommeil sur mes yeux.
Je n'avais qu'un berceau formé d'algues flétries,
Et je dormais, pendant que ces deux voix chéries
Continuaient tout bas leur chant mélodieux !

Enfant déjà plus fort qui du logis s'évade,
Que de moments passés, dans un coin de la rade,
A rechercher le ver qu'on fixe aux hameçons,
A voir cingler les bricks qui manœuvraient au large,
A courir dans le flot, à chanter sur sa marge
Les premiers vers d'Homère appris dans mes leçons !

L'ombre venue, enfin, quand l'oiseau sous la feuille
S'abrite, et que l'enfant sous le toit se recueille,
Que de songes divins tour à tour m'y berçaient !
Pressentiments d'amour ou chimères de gloire,
Que de rêves, sortis de la porte d'ivoire,
De leurs bras caressants jusqu'au jour m'enlaçaient !

Hélas ! j'ai su, depuis, que ces rêves sans nombre
Mentaient ; dans ses liens la réalité sombre,
Captif, m'a promené, m'a traîné gémissant...
J'ai passé le désert sans ombre et sans fontaines :
Aux soins les plus ingrats, aux tâches les plus vaines,
La cruelle a donné le meilleur de mon sang.

Amours faux, trahisons, morts plus douces peut-être,
Quels maux l'âpre destin ne m'a-t-il fait connaître !...
Mais que dis-je ? pourquoi réveiller la douleur ?
A l'oubli désormais je jette ma souffrance.
Je vous revois, ô flots ! chers compagnons d'enfance,
Et ne me souviens plus que de ma vie en fleur !

III

LA CALANQUE[1]

Ils avaient tout un jour, assidus à leur tâche,
Travaillé du marteau, du rabot, de la hache :
Charpentiers d'aventure, ils rajustaient le flanc
De leur chaloupe usée, au pont mince et branlant,
Qui hors du flot gisait. — Hélas! la chère barque
Des injures du temps montrait plus d'une marque.
Eux sur chaque blessure étendaient le goudron :
Ils renforçaient l'endroit où porte l'aviron :
Ils clouaient une planche à côté de la poupe ;
Dans la moindre fissure ils inséraient l'étoupe,

1. En Provence, nom des petites baies où s'abritent les barques de pêcheurs.

Armant avec effort contre les chocs nouveaux

Ce vieux bois, fatigué par tant de durs travaux.

L'un des trois compagnons, vieillard solide et svelte,

Avait l'aspect hautain d'un ancien patron celte ;

L'autre, son fils peut-être, en la vigueur des ans,

Avait l'air d'un lutteur, fier de ses bras luisants.

Le troisième, enfant blond, qu'à l'œuvre on associe,

Offrait les clous, tendait la varlope ou la scie,

Heureux de s'employer en ce commun labeur.

Je les vis tout le jour s'agiter en sueur.

Vers midi seulement, ouvriers sans reproche,

Ils prirent à la hâte un repas sur la roche,

Dîner frugal, de noix et de fromage sec.

La vague cependant, sur l'algue et le varech,

Bondissait, et, du roc venant laver la marge,

Leur chantait sa chanson mélancolique et large.

C'était en un vallon dont le sol raviné

S'ombrage d'un vieux pin sous la bise incliné ;

Du monde primitif inculte paysage,

Ornière entre deux monts creusée, âpre et sauvage,

Qui semble un double mur de pierres sans ciment,

Et sur la vaste mer débouche brusquement.

Comme le jour tombait, l'œuvre achevée à peine,

On poussa vers les eaux la glissante carène.

Chacun d'eux sur les bancs s'empressa de s'asseoir.

Le foc, rouge haillon, s'ouvrit au vent du soir ;

Ils partirent sans bruit sur la mer sombre et haute :

Et moi, je les voyais s'éloigner de la côte,

Et je songeais à toi, mortel qui, le premier,

Jetas aux flots le tronc d'un chêne ou d'un palmier,

Et sur cet appui frêle, en ta sainte démence,

Allas seul affronter l'horreur de l'onde immense !

IV

STELLA MARIS[1]

De tout temps, je l'aimai, cette antique chapelle
Qui, du haut d'un donjon dominateur des flots,
Resplendit à jamais comme un phare fidèle,
Et montre leur patronne aux pauvres matelots.

A l'heure du matin qui fane les étoiles,
Quand le golfe dans l'ombre est encore endormi,
Quand les premiers vaisseaux dont blanchissent les voiles
Sont par la brume encor dérobés à demi,

1. Notre-Dame de la Garde, dont la chapelle est bâtie dans une citadelle
qui domine Marseille, est l'objet d'un culte populaire dans tout le Midi.

Je gravis lentement la pieuse colline

Dont la Reine des mers habite les hauteurs,

Et, franchissant le seuil de l'église marine,

Je me mêle en silence aux premiers visiteurs.

Humbles groupes épars, fidèles de tout âge,

Femmes que l'aube trouve aux portes du saint lieu,

Mousses qui vont partir pour leur premier voyage,

Vieux marins, désormais réfugiés en Dieu.

Sous l'arceau tapissé de guirlandes votives,

Sous ces mille tableaux d'un informe dessin,

Que de psaumes fervents, que d'antiennes plaintives,

Balbutie à genoux le matinal essaim !

A mon tour je t'implore, ô céleste clémence !

Pour tous les voyageurs dispersés sur les eaux,

Pour tous les malheureux qui, sur la mer immense,

S'en vont accomplissant leurs éternels travaux[1] !

Ils n'ont pour tout abri qu'une planche de chêne,

Pour gage de salut que l'étoile qui luit,

1. Qui descendunt mare in navibus, facientes operationem in aquis mul
tis. (*Psaume* cvi)

Et sans cesse debout, tant la mort est prochaine
Ils ne croisent les bras ni le jour ni la nuit.

Est-ce pour que leur nom partout s'étende et brille,
Que, d'une âme si ferme, ils courent aux dangers?
Non! non! ils vont chercher pour une humble famille
Un peu de la moisson faite aux bords étrangers.

Tels ces hardis oiseaux qu'instruisit la nature,
Délaissant leurs petits sous les rameaux des bois,
Vont, à travers les cieux, recueillir la pâture
Qu'attend au bord du nid la couvée aux abois.

Qu'ils reviennent comme eux, par les vents favorables,
Ceux qui glanent la vie au rivage lointain ;
Qu'ils reviennent bientôt, riants et secourables,
Dans les mains de leurs fils partager le butin.

Les voilà, ces enfants séparés de leurs pères,
Chacun venant du sien demander le retour :
Aux marches de ton temple amenés par les mères,
Les vois-tu devant toi s'incliner chaque jour?

Oui, ton œil leur sourit, ô patronne suprême!
Espoir et patience enfin leur sont rendus.
Ils sortent de l'église, et, parfois, du seuil même,
Voient rentrer dans le port les vaisseaux attendus.

Mais que de fois aussi, déjouant leur attente,
Que de fois la tempête emporte loin des bords
Ces navires en deuil, penchés sous l'eau battante,
Et pareils, dans leur fuite, à des coursiers sans mors!

Ah! quand l'ouragan noir sur eux tombe en furie,
Aux cris désespérés quand les cieux restent sourds,
A toi seul appartient d'attendrir, ô Marie,
Dieu qui fait le péril et qui fait le secours!

Pour sauver tant de cœurs d'une infortune amère,
Parle, parle toi-même à ce Dieu tout-puissant
Qui jadis, enfant pauvre et docile à sa mère,
Inclinait devant toi son front obéissant;

Qui, plus tard, dédaignant la tempête farouche,
Dans l'esquif des pêcheurs dormait au bruit des flots,
Et, tranquille au réveil, d'un seul mot de sa bouche
Faisait rentrer soudain la mer dans son repos!

V

LE BAPTÈME DU BOURDON[1]

Baptisons la cloche... Elle s'émeut, elle
s'ébranle, elle annonce la joie à cette
ville.

SCHILLER.

Lève-toi, lève-toi sur la foule étonnée,

Lève-toi, cloche immense et de fleurs couronnée !

Fais admirer ta voûte énorme à tous les yeux.

Le peuple qui se presse, et dans l'air te contemple,

Hésite, croyant voir la coupole du temple

    Que le vent berce dans les cieux.

1. Le bourdon de Notre-Dame de la Garde.

Au milieu de l'encens, des flambeaux des cantiques,

L'évêque a prononcé les paroles mystiques,

Il a dit les versets qu'on écoute à genoux;

Et, comme un nouveau-né dans la Cité romaine,

Te voilà dès ce jour, bronze catéchumène,

    Te voilà notre frère à nous!

Oui, notre frère à nous! car, sitôt que l'eau sainte

A coulé sur la cloche au milieu de l'enceinte,

La matière n'est plus un élément brutal;

C'est un être animé d'une secrète flamme,

C'est un sonore esprit qui chante, c'est une âme

    Qui palpite dans le métal.

Grande âme qui résonne à travers la matière

Elle s'unit dès lors à notre vie entière,

Tour à tour elle dit la joie ou les douleurs;

Des enfants au berceau fêtant la chaste aurore,

Ou, sur les trépassés que la tombe dévore,

    Jetant ses glas comme des pleurs.

Mélodieuse voix des vieilles basiliques,

Elle appelle vers Dieu les foules catholiques,

Solennise les saints dont on bénit les noms;

Et, vienne à retentir l'écho d'une victoire,

La cloche tout à coup, qui s'enivre de gloire,

  Chante plus haut que les canons!

Monte donc, cloche sainte, à la tour qui t'appelle!

Colosse de métal, monte sur la chapelle

Qui des sommets voisins couronne le granit!

Ce clocher te convient, bâti sur la redoute :

Sublime oiseau de bronze, il te fallait sans doute

  Une citadelle pour nid!

Et là, de ces hauteurs chères à la Madone,

Aux quatre vents du ciel que ta voix s'abandonne,

Avec les éléments qu'elle ait des entretiens.

Ni la foudre, ta sœur, grondant aux jours d'automne,

Ni l'Océan voisin qui sur la grève tonne,

  N'auront des bruits pareils aux tiens.

Quand un navire part et de loin te regarde,

Désormais tes adieux, ô Vierge de la Garde,

Par delà l'horizon suivront les matelots ;

Et des mondes lointains quand un navire arrive,

Ton salut, bien avant qu'il découvre la rive,

  Ira l'acueillir sur les flots!

Mais la foule, à tes pieds, se recueille en silence.

Le formidable airain s'agite, il se balance,

Il jette un premier son musical et vibrant ;

Puis, vase qui répand son eau quand on l'incline,

Le bourdon qui se penche inonde la colline

De son mélodieux torrent.

Chante, vaste bourdon ! chante, cloche bénie !

Répands, répands à flots ta puissante harmonie,

Verse-la sur la mer et les champs et les monts ;

Et surtout, dès cette heure où ton hymne commence,

Entonne dans les cieux un chant de joie immense

Pour la cité que nous aimons !

Garde-la des fléaux et de toute discorde.

Que jamais une main ne s'attache à ta corde

Pour lancer dans les airs les clameurs du tocsin.

Que ta haute musique, à jamais bienvenue,

Comme un verbe de Dieu descende de la nue

Et réjouisse notre sein.

Sois pour nous le signal d'une fête éternelle ;

Et, dans les temps futurs, quand le vent, de son aile,

Aura rongé la date inscrite à tes parois,

Parle encor de concorde et de vertu civile

A tous ceux de nos fils qui, dans la grande ville,

    Recueilleront ta grande voix!

Octobre 1845.

VI

LA MAJOR [1]

J'ai vu sous le marteau tomber ma vieille église,
Et des pleurs de tristesse ont coulé de mes yeux :
J'ai vu la cathédrale au bord des mers assise
Joncher de ses débris la plage des aïeux.

Elle était pourtant belle avec son humble frise
Et ses cloîtres obscurs et ses autels si vieux.
Et, quand son Angélus chantait avec la brise,
La voix de son clocher semblait venir des cieux.

1. Ancienne cathédrale de Marseille

Jadis, je m'en souviens, pour Noël et pour Pàques,
Tout un peuple affluait sous les arceaux opaques ;
L'orgue entonnait son chant profond et solennel ;

Superbe, il répandait ses clameurs triomphales,
Puis il faisait silence, et, dans les intervalles,
La mer continuait le cantique éternel.

VII

INVITATION

A M. ***.

Viens ! ton fils écolier, plante qui s'étiole,
A besoin d'un autre air et d'un soleil meilleur.
Dérobe cet enfant aux langueurs de l'école ;
Aux ennuis de la serre enlève cette fleur.

Tu cherches la santé, c'est ici qu'elle habite.
Amène-moi ce fils, et, toute une saison,
Partage librement le toit d'un cénobite
Dont le cœur t'appartient autant que la maison.

Au bord du grand lac bleu, j'occupe sur la plage
Une mince cabane avec balcon de bois,
Où l'on peut vivre un temps, pourvu qu'on vive en sage,
Et, pourvu qu'on se presse, habiter deux ou trois.

Si tes vœux, résignés à ce régime sobre,
N'exigent rien de plus des dieux hospitaliers,
C'est là que nous vivrons jusqu'aux fraîcheurs d'octobre,
Paresseux et contents, comme trois écoliers.

Arrivez ; l'air salin qu'à la plage on respire
Réconforte et guérit mieux que tous les savants ;
Et mille fois heureux est l'enfant qu'on fait lire
Au livre de la mer feuilleté par les vents !

Il voit, de l'aube au soir, sur les liquides plaines
Circuler ces vaisseaux de tous les pavillons,
Qui, du môle voisin, partent les voiles pleines,
Et dans le sombre azur creusent leurs blancs sillons.

Où vont-ils? Autour d'eux s'étend la mer immense ;
Partout où le vent souffle ils ouvrent leur sentier.
L'un finit son voyage et l'autre le commence,
Et l'esprit devant eux rêve du monde entier.

Ils vont sous la vapeur qui bientôt les dérobe,

Grecs et danois, anglais, français, italiens.

« Je vais, dit un trois-mâts, faire le tour du globe.

— Courage! lui répond un autre, j'en reviens. »

Jeune encore, il convient que l'esprit s'accoutume

A voir ce mouvement et ce travail des mers,

Ces échanges sans fin à travers leur écume,

Que les peuples amis font dans tout l'univers.

Une heure de loisir passée au bord de l'onde,

Un pas fait sur la grève au bruit des flots chanteurs,

En dit plus à l'enfant sur l'histoire du monde

Que l'histoire elle-même et tous ses vieux conteurs.

Le soir vient, le couvert est mis sur la terrasse,

Et, pendant que l'on dîne à l'air du golfe pur,

Les constellations renaissent dans l'espace,

Élevant la pensée au delà de l'azur.

Et cette heure en dit plus sur Dieu même et sa gloire,

Et sur cet infini qui nous attend demain,

Que n'en dirait Platon, si, de son promontoire,

Il venait jusqu'à nous, ses livres à la main !

VIII

.

A UN CHASSEUR D'HIRONDELLES

Qui donc es-tu, chasseur, homme inepte et sauvage,
Qui reviens chaque jour, non loin de ma maison,
Ta carabine en main, t'embusquer au rivage
Et tirer aux oiseaux de l'arrière-saison?

Du fond de mon alcôve où ton bruit me réveille,
Je te vois, les deux pieds dans l'écume des eaux,
Aux premiers feux de l'aube innocente et vermeille,
Tirer, tirer encor sur de frêles oiseaux.

Mais tu ne sais donc pas, âme vile et cruelle,
Ce que sont ces passants lâchement épiés,

Qui, saignants et meurtris, se débattent de l'aile,
Et que le flot joueur vient saisir à tes pieds?

Ce sont les bien-aimés du vent et de la nue,
Les oiseaux purs et doux et bénis du Seigneur,
Ceux que le toit du pauvre, à la saison venue,
Accueille, en se disant : « Leur nid porte bonheur! »

O bandit, cœur brutal et digne d'anathème,
N'as-tu donc jamais vu leurs essaims palpitants,
Autour du vieux clocher qui sonna ton baptême,
Arriver un matin et chanter le printemps ?

Ils allaient aujourd'hui, craignant les mois humides,
Chercher une autre terre et des soleils plus sûrs ;
Qui sait? dormir peut-être aux creux des pyramides,
Ou de la vieille Athène habiter les grands murs.

Ils ne les verront plus. D'une charge traîtresse,
Tu suspends le voyage et brises le destin.
Et pourquoi? pour montrer je ne sais quelle adresse
Aux passants étonnés d'un coup presque certain ;

Pour que quelques enfants, qui manqueront l'école,
Restent là dans le vent, béants autour de toi,

Et que le plus petit, dont le chapeau s'envole,
Avant l'étonnement sente d'abord l'effroi.

Tu pourrais, ce me semble, homme aux instincts farouches,
D'une adresse plus rare émerveiller leurs yeux :
Si tu passais l'automne à tirer sur les mouches,
L'art serait plus utile et te conviendrait mieux.

Va toujours cependant, continue avec joie.
Sottise et cruauté, ces noms te sont acquis.
On vit un jour l'hymen d'un vautour et d'une oie,
Et de l'accouplement ce fut toi qui naquis !

IX

ALCYONS

Ales miserabilis.
OVIDE.

Venez, fuyez, rasez avec vos grandes ailes
　　La surface du gouffre amer,
Montez et descendez, farouches hirondelles
　　De la tempête et de la mer !
Assis sur le rivage où la vague fumante
　　Brise à mes pieds ses tourbillons,
Longtemps je vous poursuis des yeux dans la tourmente,
　　Alcyons, tristes alcyons !

Vous aimez, n'est-ce pas, ces sombres étendues,
　　Ces hurlements dans les récifs,

Ces broussailles au vent qui frissonnent pendues

    A la fente des rocs massifs?

Vous aimez ce soleil qui projette au rivage

    Le feu de ses derniers rayons?

Tout cela vous attire à son charme sauvage,

    Alcyons, tristes alcyons !

Me reconnaissez-vous? Je suis pourtant un frère :

    Comme vous, rêveur éternel,

Plus que le doux zéphyr j'aime le vent contraire,

    L'orage plus que le beau ciel.

Ne m'avez-vous pas vu tout enfant sur la rive?

    Cœur altéré d'émotions,

J'étais là, me berçant à votre voix plaintive,

    Alcyons, tristes alcyons !

Vos destins sont pour l'homme un étrange mystère :

    Toujours suspendus sur les eaux,

Vous ne vous posez pas, et vous laissez la terre

    Abriter les autres oiseaux.

L'aigle a le roc sublime et le moineau la tuile,

    L'alouette a les verts sillons;

Vous n'avez sous les cieux, vous, qu'une onde mobile,

    Alcyons, tristes alcyons!

De nos âmes, hélas! vous êtes bien l'emblème :

    Ballottés d'écueil en écueil,

Nous allons, nous jetons au ciel, comme vous-même,

    Un cri de détresse et de deuil.

Nous ne possédons rien que la vaste amertume

    De nos mouvantes passions,

Et vivons comme vous, toujours sur une écume,

    Alcyons, tristes alcyons !

X

LE BERCEAU

C'est une fête pour les yeux,
L'horizon brille sans nuage;
Tout est lumière dans les cieux,
Tout est sourire sur la plage.

De cette vaste mer qui dort
J'aime à longer le lit de sable,
Berçant mes rêves sur le bord
A son murmure insaisissable.

Le golfe semble un pur miroir,
Où se regardent tout à l'aise,

Penchés sur l'eau pour mieux s'y voir,
Les tamaris de la falaise.

L'air est sans brise et sans fraîcheur,
Et, seule, sur la mer profonde,
Flotte la barque d'un pêcheur
Dont le filet traîne dans l'onde.

Fais bonne pêche, ô matelot!...
De temps en temps sa barque penche,
Elle projette sur le flot
Un long reflet de voile blanche.

Assise au bord, sur le galet,
Auprès d'un enfant qui sommeille,
Sa femme répare un filet
Qui revint déchiré la veille.

Elle est habile dans cet art,
Elle promène son aiguille,
Tout en jetant plus d'un regard
Au premier-né de la famille.

Il est couché, l'enfant vermeil,
Dans son berceau d'algue marine;
Le léger souffle du sommeil
Soulève à peine sa poitrine.

Il dort, charmant comme l'Amour,
Un bras replié sous sa tête,
Celui qu'agiteront un jour
Tous les soucis de la tempête !

La tempe est moite de sueur,
La peau reluit humide et rose;
Le ciel d'été met sa lueur
Au front de l'ange qui repose.

Et seul tu sais qui dort le mieux,
O Dieu très-haut, Père invisible !
De l'Océan silencieux,
Ou du petit berceau paisible !

XI

LE BASSIN DE CARÉNAGE

C'est ici qu'on refait la carène ou la poupe
Des fragiles vaisseaux que la mer a blessés.
Les charpentiers sont là ; chacun taille et découpe,
Et les bruyants marteaux frappent à coups pressés.

De navires perclus toute une morne troupe
Montre ses mâts rompus et ses flancs crevassés.
Dans la blessure ouverte ils attendent l'étoupe,
Et font doubler de fer les endroits menacés.

Puis, aux premiers beaux jours, ils sortiront encore ;
Ils iront au couchant, ils iront à l'aurore,
A l'épreuve nouvelle empressés de s'offrir.

Car, ô tempête, ô vent, écueil, horreur suprême !
On vous hait, on vous craint, et pourtant on vous aime,
Et plus on a souffert, plus on voudra souffrir.

XII

EN SORTANT DU PORT

Barque au mince flanc, légère coquille
Qui t'engloutirais sous le premier grain,
Que n'es-tu navire à puissante quille,
Que n'es-tu vaisseau cuirassé d'airain !

Poursuis, te dirais-je, oh ! poursuis ta route,
Sans rentrer au port, stagnante prison.
Cette vaste mer nous appartient toute ;
Perce où tu voudras, perce l'horizon !

La route sera toujours bien choisie :
L'Espagne est par là, — voyage d'un jour ;
L'Italie à gauche, en face l'Asie ;
Du soleil partout! partout de l'amour !

XIII

MATINÉE DE JUIN

Tant pis pour les beaux yeux que le sommeil tient clos,
Pour tous les indolents dont la nuit se prolonge :
Ils ne connaîtront pas, si beau que soit leur songe,
Ce spectacle enchanté du matin sur les flots.

Lumière, azur, fraîcheur! la mer est diaprée ;
L'aube fleurit au ciel, grand lys épanoui ;
La nue a des reflets dont l'œil est réjoui ;
Le flot a des senteurs dont l'âme est pénétrée.

Un tumulte joyeux court sur les larges eaux ;
Cent barques de pêcheurs, parmi la folle écume,

Voguent allégrement; et d'un reste de brume
Sortent à l'horizon les mâts des grands vaisseaux.

L'un d'eux arrive à nous, toutes voiles ouvertes;
A sa proue, à ses flancs l'eau bouillonne avec bruit;
Au rayon matinal sa poulaine reluit,
Déesse au casque d'or fendant les ondes vertes!

En foule sur le pont, les passagers heureux
Fixent les yeux sur toi, terre longtemps rêvée!
Nous leurs donnons du geste un bonjour d'arrivée,
Et le salut ami nous est rendu par eux.

On se hèle, en passant, d'une tartane à l'autre:
« Est-ce toi, Simon-Pierre? — Oui, patron; quel beau temps!
— Holà! hé! les anciens, revenez-vous contents?
Bonne pêche à coup sûr? — Un miracle; et la vôtre? »

Ainsi dans un vent frais, sonore tourbillon,
Retentit par moments leur voix rude et sauvage.
Du milieu de la mer, on entend au rivage
Le clocher du hameau qui sonne un carillon.

L'oreille à ce doux bruit, qui parfois nous échappe,
Nous aussi, nous rentrons fiers de notre butin.

Sur quel point de la côte irons-nous ce matin
Apprêter le repas et le manger sans nappe?

Irons-nous, dites-moi, vers ces rochers connus
Où l'on voit, en été, femmes et brunes filles
Près du flot argentin ramasser des coquilles,
Et, dans leur jeu folâtre, y courir les pieds nus?

Ou bien préférez-vous gagner ce promontoire
Qui garde les débris d'un monument romain,
Ruine dont l'arceau, revêtu de carmin,
Sur les soleils couchants forme un arc de victoire?

XIV

ENDOUME

AU PATRON PIERRE.

Des terrains sans culture, où les chèvres du pâtre
Achèvent un gazon que le mistral brûla,
Des bois de pins, rampant sur la roche marâtre,
Et de pauvres maisons dont la pierre grisâtre
S'écaille au vent de mer, — Endoume, te voilà !

Cependant, plus qu'un sol prodigue de merveilles,
Plus qu'un jardin riant au printemps bienvenu,
Plus que les doux vallons hantés par les abeilles,
Où les ruisseaux d'argent baignent les fleurs vermeilles,
Le peuple de ma ville aime ce rocher nu.

Et, quand du long travail meurt enfin la semaine,
Ces lieux pour le repos sont à jamais choisis :
Femmes, filles, enfants qu'à la remorque on mène,
Vieillards et jeunes gens partent, guirlande humaine,
Heureux d'aller revoir la stérile oasis.

Dès l'aube du dimanche, heure de leur attente,
Chaque toit du village arbore un pavillon;
Devant chaque maison se déploie une tente ;
Et là, cœurs satisfaits, ce seul jour les contente
Plus que s'il apportait tout l'or d'un galion.

De l'aurore à la nuit, on chante, on rit, on danse,
Chaque pan de coteau porte un joyeux essaim.
Partout les tambourins résonnent en cadence;
Et le rocher, surpris, admire l'abondance
Des festins étalés sur son aride sein.

Pour l'infertile sol d'où naît cette tendresse?
Pourquoi tant de chansons et de rires dans l'air ?
Pourquoi tant de gaîté sur tant de sécheresse?
— C'est qu'au pied des coteaux où la foule se presse
S'étend la mer d'azur, la radieuse mer;

La mer que nous aimons d'une amour infinie,

Nous, avec nos aïeux, de la Grèce venus,

Nous, tes dignes enfants, maternelle Ionie,

Qui tenais de la mer ta gloire et ton génie,

Ta jeunesse immortelle et ta blonde Vénus!

C'est que nous la voyons ici, de la falaise,

Pâle et rose, au matin, sous la brume qui fuit,

A midi, scintillant ainsi qu'une fournaise,

Calme et suave au soir, lorsque le vent s'apaise,

Et reflétant au loin les splendeurs de la nuit.

C'est qu'assis au banquet servi sur la terrasse,

On aime à voir cingler dans le golfe endormi

La barque au foc tendu qui s'incline avec grâce,

A saluer du cœur le navire qui passe,

A songer que, peut-être, il ramène un ami.

Enfin, c'est que les toits épars sur cette côte

Sont comme de vieux troncs rugueux, mais pleins de miel,

Et que toujours au seuil nous trouvons chez notre hôte

Un bienveillant sourire, une âme simple et haute,

Cœur grand comme la mer et bon comme le ciel!

XV

FRATERNITÉ

Ils dînent sur le sable et sont assis en troupe ;
Chacun d'eux est un bon et brave matelot.
Ils sont venus chercher l'ombre d'une chaloupe
Qui vieillit au soleil, couchée au bord du flot.

Une odeur de poisson s'exhale de leur soupe ;
De pain bis et de lard, chacun reçoit son lot ;
Le vin est de la côte, et, s'ils n'ont pas de coupe,
Ils ont une bouteille et boivent au goulot.

Braves gens, compagnons à la parole vive,
Salut ! — Si vous voulez m'accepter pour convive,
Nous dînerons ensemble au rivage écumant.

Quand on a fait son œuvre, on a l'âme un peu lasse :

Vous avez travaillé, j'ai chanté seulement,

Je demande à m'asseoir à la dernière place.

XVI

CARQUEIRANNE

Je les avais jadis visités, ces rivages
Où le cristal des eaux reflète un ciel si pur,
Où la terre embaumée abonde en fleurs sauvages,
Où le figuier s'incline et trempe ses feuillages
    Au maritime azur.

J'en avais emporté les images heureuses ;
Dans mes songes, depuis, j'avais revu souvent
Les verts enclos, le môle aux vieilles dalles creuses,
Les grands pins contournés dont les voûtes ombreuses
    Chantent au moindre vent ;

Et les lits d'herbe épaisse, et les tièdes collines,

Et les blocs de granit couronnés de vieux bois,

Et les débris romains, solennelles ruines...

« Oh ! vivre une saison sur ces plages divines !

   Avais-je dit parfois.

» Vivre à deux dans cette ombre et dans cette lumière ;

Fouler à deux la sauge et le thym du coteau ;

Se bâtir, au penchant de l'inculte bruyère,

Une demeure, un nid, peut-être une chaumière

   Et peut-être un château.

» Et là, des mois entiers, se donner à l'extase ;

Dans le bleu sans limite à loisir voyager ;

Voir l'aube qui se lève en écartant sa gaze ;

Voir, au soleil couchant, sur la mer qui s'embrase,

   Les îles d'or nager.

» S'abriter, à midi, dans l'antre basaltique

Qu'ombrage la liane accrochée aux palmiers ; —

Lentisques, aloès, colonie exotique,

S'asseoir auprès de vous, rêver du monde antique

   Et des amours premiers !

» Conduire l'adorée à l'ombre des grands chênes,

Me coucher dans les fleurs, le front sur ses genoux ;

Croire que tout finit aux montagnes prochaines,

Que le monde n'est plus, que la vie et ses chaînes

    N'existent plus pour nous ! »

Un jour donc, je voulus réaliser le rêve ;

Nous courûmes chercher le lieu d'enchantement.

Le soir du lendemain, nous touchions à la grève :

La mer, la sombre mer que l'ouragan soulève,

    Grondait sinistrement !

Une jaune vapeur sur les eaux descendue

Anticipait la nuit et présageait un deuil ;

L'éclair illuminait ardemment l'étendue,

Et la vague jetait une barque éperdue

    Aux pointes de l'écueil.

Elle et moi, de nos yeux, nous vîmes le naufrage,

Et l'effroi pour jamais nous chassa de ces bords,

Où, quand d'un bonheur calme on vient chercher l'image,

On rencontre une mer qui vomit au rivage

    Des débris et des morts !

XVII

A UN POËTE SATIRIQUE

1840

Lenesque sub noctem susurri.
HORACE.

« Un jour enfin, disais-je, il faudrait le connaître
Ce nouveau Juvénal, en rimes passé maître,
Dont le vers, fabriqué dans un moule puissant,
Comme un marteau d'airain, frappe en retentissant.
Quel est-il? d'où lui vient cette humeur de bataille?
A-t-il d'un vieux lutteur l'encolure et la taille?
De cette Némésis qu'appellent tous ses vœux
Voit-on les longs serpents mêlés à ses cheveux?
Son rapide regard, feu d'une âme irascible,
Pénètre-t-il en vous comme un trait dans la cible ;

Et sa voix, quand il parle, a-t-elle un de ces sons
Qui de la tête aux pieds font courir les frissons? »
Ainsi, — car nous aimons à nous faire une image
Des poëtes dont l'œuvre appelle notre hommage,
Et, selon leur esprit et leurs travaux divers,
Nous donnons à chacun l'allure de son vers, —
Ainsi, croyant trouver en ton livre un augure,
J'avais voulu, de loin, façonner ta figure,
Et, de tes derniers vers encor tout frissonnant,
En toi je croyais voir un Jupiter Tonnant!
Mais hier, introduit dans ta haute retraite,
Pour la première fois je te vis, ô poëte!
Et, réprimant soudain ma secrète terreur,
J'annulai le portrait qu'ébaucha mon erreur.
Non, tu n'étais en rien ce grand dieu de la Fable
Qui jamais ne sut dire une parole affable,
Et qui, tyran du ciel, d'un froncement des yeux,
Sur l'Olympe ébranlé faisait pâlir les dieux.
On pouvait t'écouter et te voir sans secousse;
Ton regard était bon, ta parole était douce;
Elle avait même un peu cet accent alourdi
Qui trahit dans le Nord les enfants du Midi.

Puis, le soir, emportés par l'agile nacelle

Loin des quais de la ville où le bruit nous harcèle,

Nous nous étions assis, trois amis, à l'écart,

A l'un de ces banquets dressés par Policard [1],

Maritimes festins où l'on sert aux convives

La moule et la clovisse aux lèvres encor vives,

Et les tributs squammeux du liquide élément,

Que l'incessante pêche apporte incessamment.

Là, tandis que la nuit tendait sa brune toile,

Tandis qu'apparaissait une première étoile,

Et que, venu du golfe, un zéphire marin

Nous apportait des flots le paisible refrain,

Nous avions, à nous trois, sur la haute terrasse,

Un de ces entretiens comme en voulait Horace,

Épanchements du cœur murmurés lentement,

Et qu'un grave silence interrompt par moment.

Et toi, tu nous parlais d'une heureuse vallée

Où tu vécus jadis ton enfance isolée :

Du désert de *Saint-Jean*, solitaire séjour

Où l'on rencontre à peine un passant en un jour ;

Des bois de pins flottant sur la colline agreste,

Du plateau de bruyère où, seule au milieu, reste

1. Ancien hôtelier, sur les rochers de la *Réserve*.

Je ne sais quelle tour, vestige des vieux temps,

Dont pas un n'a connu les anciens habitants ;

De tes premiers travaux et de tes jeux rustiques,

Et de la maison, chère à tes dieux domestiques,

Où tu grandis avec tes frères et tes sœurs,

Et qui maintenant s'ouvre à d'autres possesseurs !

Et moi, je recueillais dans mon âme attendrie

Tes souvenirs pieux d'enfance et de patrie,

Et j'admirais qu'ainsi, sans foudre et sans autel,

Mon Jupiter Tonnant ne fût qu'un doux mortel !

Alors, un souvenir de mes pèlerinages

Renouvelant en moi ses récentes images,

Je songeai que naguère, au beau pays romain,

Un jour que je suivais un antique chemin,

Je vis à l'horizon s'élever, solitaire,

Un mont dont le sommet semblait un noir cratère,

Et ce mont, que souvent la flamme sillonna,

Était, me dit le guide, un rival de l'Etna.

Sans suspendre ma course et sans reprendre haleine,

Je marchai droit à lui, franchissant bois et plaine,

Et vallons où dormaient les troupeaux accroupis,

Et sillons ondoyants où couraient les épis.

A la fin j'atteignis ma montagne... O surprise !

C'était un mont charmant : il berçait à la brise
Mille fleurs dont ses flancs étaient partout couverts,
Et les oiseaux du ciel chantaient dans ses bois verts.
Il sommeillait sans lave et sans bruit de tonnerre ;
Et, foulant à loisir ce volcan débonnaire,
Au bord même du gouffre, encor plein de chaleur,
Moi, pour tout souvenir, je cueillis une fleur !

XVIII

A COURDOUAN

Par les jours brillants, par les nuits de brume,
Tu peignis la mer; je la décrivis.
Nous étions rivaux; mais, à mon avis,
L'habile pinceau fit mieux que la plume.

De l'azur du ciel un pinceau se teint,
Dans l'azur de l'onde un pinceau se trempe;
Il vole souvent où la plume rampe,
Il ne s'éteint pas quand elle s'éteint.

Va toujours, ami, suis toujours ta voie.
Pour la mienne, moi, quel que soit mon goût,
Je ne vois jamais que de l'encre au bout,
Que de l'encre au bout d'une plume d'oie!

XIX

PLAGE DE MONT-REDON

A C····.

Muse qui possédez au cœur ce saint trésor
Dont le ciel généreux enrichit ceux qu'il aime,
Voici des vers, lisez; mais, plus souvent encor,
    Faites-nous-en vous-même.

Écrivez ce que dit ce spectacle charmant
Que mon œil, grâce à vous, apprit à mieux connaître,
Paysage qui n'est encadré dignement
    Que dans votre fenêtre.

Dans ce radieux golfe où l'âme se complaît,
Écrivez ce que dit le zéphyr à la voile,
Le flot au gouvernail, le pêcheur au filet,
      Et la barque à l'étoile.

Écrivez ce que dit, le soir, en se levant,
La lune, dont l'image à la mer brille et tremble,
Reflet qu'on aime à suivre à la plage en rêvant,
      Quand on va deux ensemble.

Écrivez ce que dit au rivage attentif
Cette voix de la mer si bien entrecoupée,
De la brise et du flot murmure alternatif.
      Immense mélopée;

Concert vague et profond, qui n'est jamais si doux,
Si suave à l'oreille et pénétrant à l'âme,
Que le soir, vers minuit, quand c'est auprès de vous
      Qu'on l'écoute, madame!

XX

A LAMARTINE

PRADO, 1847

Entre les caps d'azur qui dentellent la Grèce
Il en est un, que l'onde incessamment caresse,
Et qu'en voguant vers lui tout pieux pèlerin
Salue avec amour à l'horizon serein.
« Sunium ! Sunium ! dit-il, radieux faîte,
Gloire à toi ! Gloire à toi ! piédestal d'un prophète ;

1. M. de Lamartine, pendant l'automne de 1847, habitait une maison
de campagne sur la plage du Prado, à Marseille.

Montagne que Platon, ce rêveur immortel,

Fit, en s'y reposant, plus sainte qu'un autel ! »

C'est là, c'est des hauteurs du fécond promontoire,

Qu'aux disciples groupés, frissonnant auditoire,

Il versait la sagesse à flots mélodieux,

Et qu'il se révélait plus divin que ses dieux !

Des rayons du couchant quand le mont se décore,

L'œil, après trois mille ans, croit voir son ombre encore

Passer et repasser sur les sommets déserts,

Et de son auréole illuminer les airs !

Dans un pli de ce cap, il est une autre plage

Où brille un autre nom, frère de gloire et d'âge :

Grève illustre ! c'est là que, durant de longs jours,

S'égarait l'orateur, roi des puissants discours.

Esprit importuné par les rumeurs d'Athènes,

C'est là qu'il s'isolait, lui, ce fier Démosthènes

Qui venait demander aux flots retentissants

Le secret orageux des sublimes accents.

Tout rocher sous ses pas se changeait en tribune ;

Et, contredit en vain par les vents de la dune

Et par les cris jaloux de tout le gouffre amer,

Pour s'essayer au peuple, il haranguait la mer !

Debout sur les écueils sa grande ombre est restée,

Et, le soir, quand la grève est au loin tourmentée,

Quand roule dans la nuit la voix des flots hurlants,

Sa voix, plus grande encor, tonne après trois mille ans.

Il est une autre plage, arrondie, odorante,

Où le flot se déroule, attiré par Sorrente,

Et qui, sur la falaise, élève une maison

Blanche, que tout regard salue à l'horizon.

Un vent du ciel, plus pur que l'haleine des anges,

Y recueille en passant le parfum des oranges ;

Et la mer, que son souffle agite d'un frisson,

Y chante nuit et jour sa plus molle chanson.

C'est là que, fatigué d'un long pèlerinage,

Le Tasse vint s'asseoir au midi de son âge ;

C'est dans ce golfe heureux, où chaque flot s'endort,

Qu'une fois s'endormit ce naufragé du sort.

A la porte, où le pampre ondoyant se replie,

Il retrouvait l'amour de sa sœur Cornélie ;

Et, chantre des combats, à l'ombre des jardins,

Il rêvait aux exploits de ses chers paladins.

Son image toujours sur la plage s'élève ;

Et jamais voyageur n'approche de la grève

Sans t'évoquer, au bord du verdoyant coteau,

Harmonieux fantôme ! ombre de Torquato !

Au fond du vaste golfe où Venise s'écroule,

Il est un autre bord, assailli par la houle ;

Sable aride, où la mer, aux sourds gémissements,

Va des tombeaux voisins chercher les ossements.

Salut à toi, Lido ! salut, triste rivage !

C'est là, sur cette terre inféconde et sauvage,

Que Byron, escorté de ses amers ennuis,

Accordait audience au démon de ses nuits.

Pressant de son coursier le vol insaisissable,

De la grève déserte il sillonnait le sable,

Et de ses visions demandait le tableau

A la nuit qui pendait sur la terre et sur l'eau.

Il n'est plus ; mais son ombre est encore vivante,

Et quiconque revient à la rive mouvante

Chercher un nom, que nul ne saurait oublier,

Y voit passer toujours le sombre cavalier !

Ainsi, sur cette mer dont j'interroge l'onde,

Il n'est pas une plage, — infertile, — féconde,

Où l'esprit du penseur se plaise à revenir,

Si l'œil n'y voit briller quelque grand souvenir.

Malheur au lieu qui n'offre aucune trace illustre !

Un éternel printemps lui donnât-il son lustre,

Fût-il, plus que pas un, fleuri, doré du jour,

Il aurait nos regards sans avoir notre amour.

Jamais le voyageur, qui s'arrête ou qui passe,

Ne daignerait nommer ce fragment de l'espace,

Et, dans son cœur épris, emporter en rêvant

Le charme impérieux qui ramène souvent ! —

Nous aussi, nous avons notre plage sereine :

Le flot harmonieux y caresse l'arène,

Et le pin, qui des monts ombrage le penchant,

Sur le chant de la vague y module son chant.

Elle est splendide à voir, soit que l'Aurore blonde

De ses lis effeuillés vienne pailleter l'onde,

Soit qu'un soleil couchant qui nous dit : « A demain ! »

Ajoute à ses flots bleus des franges de carmin.

Tout ce que Dieu répand de richesses bénies,

Doux rayons, doux parfums et douces harmonies,

Elle a tout, rien ne manque à ce rivage d'or :

La gloire d'un grand nom lui manquait seule encor !

Il l'a conquise enfin : une beauté nouvelle

A notre âme attirée aujourd'hui s'y révèle :

Désormais cette grève, où s'impriment vos pas,

Revêt une splendeur qui ne s'éteindra pas.

« C'est là qu'il vint un jour, dira-t-on d'âge en âge,

Celui qui fut doté d'un si bel apanage :

Qui, fascinant les cœurs, entraînant les esprits,

Des charmes de sa voix semblait lui-même épris.

Poëte, il répandait ses strophes éclatantes ;

Orateur, il parlait aux foules palpitantes ;

Chroniqueur, il gravait, au vol de son burin,

L'histoire des grands jours sur des tables d'airain.

Heureuse donc la rive, heureuse la contrée

Qui par un pareil hôte un jour fut illustrée !

Heureux le flot d'azur qui put, en frémissant,

Arrêter son écume aux pieds d'un tel passant !

Les beaux noms sont épars sur vingt rives lointaines :

L'une a connu Platon, l'autre a vu Démosthènes ;

L'une parle du Tasse et l'autre de Byron ;

Mais tous ces noms ici sont unis dans un nom.

Ici sont confondus, dans un même prestige,

Trois éclairs dans un œil, trois fleurs sur une tige,

Sur la tête d'un seul trois pures royautés,

Sur un seul avenir trois immortalités ! »

XXI

LES PÊCHEURS

Piscatores autem descenderant
et lavabant retia.

(Évangile selon saint Luc.)

Ce soir, le flot dormant, qu'aucun vent ne soulève,
Sans écume et sans bruit s'étale sur la grève ;
C'est à peine si l'onde, en effleurant le bord,
Y module à mes pieds un insensible accord,
Un murmure douteux, qui meurt ou se prolonge,
Comme un soupir d'enfant qui dort et parle en songe.
Silence de la mer, sommeil du firmament !
Est-il rien de plus doux que ce recueillement ?
Au cœur le plus troublé des tumultes du monde
Rien vaut-il cette paix solennelle et profonde ?

Muet, j'ai beau prêter l'oreille,... pas un bruit !

Une voix cependant au sein de cette nuit

S'élève : c'est la voix mélancolique et tendre,

C'est le chant qu'un pêcheur à l'écho fait entendre.

Sur son bateau, qu'à peine un vent fait ondoyer,

Il vient de rallumer sa lampe ou son foyer,

Et, tandis que ce feu, comme un reflet d'étoile,

Brille au loin sur la mer, il chante sous sa voile :

Il chante, car sa pêche est féconde, ce soir.

Quand ses enfants, au bord, viendront le recevoir,

Répandant à leurs pieds sa nasse qui fourmille,

Il verra le bonheur de sa pauvre famille,

Et puis il dormira demain sur les galets,

Pendant qu'un chaud soleil séchera ses filets.

Oh! loin de lui, Seigneur, retiens tout vent contraire!

Oh! d'un amour profond, d'un tendre amour de frère,

J'aime, j'aimai toujours ces travailleurs du flot :

Ils reçurent du sort un humble et rude lot;

Dans la sphère indigente où leur destin les parque,

Ils ne possèdent rien qu'une fragile barque,

Rien qu'un mince filet, dont souvent le tissu

Se déchire à la dent du roc inaperçu.

Durant les nuits d'hiver, bercés loin de la grève,

Ils ont avec l'orage une lutte sans trêve.

A l'heure où chacun dort sous le toit des maisons,

Ils veillent, eux, perdus dans les noirs horizons.

Ont-ils jeté pourtant un blasphème à leur vie?

Non! résignés, et doux, et purs de toute envie,

On les revoit toujours tels qu'à Génésareth

Autrefois leur ami Jésus les rencontrait.

Aimons-les comme lui. Dès le matin de l'âge,

Pour moi, je les cherchais déjà de plage en plage.

Parmi leurs enfants nus que de fois j'ai bondi!

Que de fois n'ai-je pas, en décembre à midi,

Dans une barque à sec dormi sur la poulaine,

Près des vieillards couchés dans leurs cabans de laine!

Et, depuis, que de fois, visiteur familier,

N'allai-je pas revoir leur seuil hospitalier!

Dans une anse écartée, où la vague éternelle

Déroule sa volute et la replie en elle,

Bords qui, par le soleil brûlés incessamment,

Simulent de l'Afrique un sablonneux fragment,

S'élève une bourgade, — humble et triste village,

Ou plutôt de maisons monotone assemblage,

A qui les voyageurs trouvent, en arrivant,

Moins l'aspect d'un hameau que celui d'un couvent.

A ses toits réguliers prolongés en portique,

On devine la main d'un peuple monastique :

C'est l'Espagne, en effet, qui, dans le temps ancien,

A bâti ce hameau demeuré toujours sien [1].

Que j'aime à te revoir, dans cette colonie,

Race de matelots à la face brunie,

Peuplade d'étrangers, que les vents du destin

Aux sables provençaux jetèrent un matin !

Bien des jours ont passé, depuis que nos rivages

Vous reçurent, bannis aux allures sauvages !

Mais qu'importent les jours? Après plus de mille ans,

On voit sans cesse en vous les mêmes Catalans.

Le temps n'a rien changé sur l'antique médaille :

On retrouve toujours l'homme souple de taille,

Qui, de ses bras nerveux fendant le flot amer,

A mesuré sa force aux forces de la mer.

Même œil, même profil au vieux type fidèle,

Dont un bec d'épervier fut le premier modèle ;

Même front, basané par ce hâle marin

Qui, de chacun de vous, fait un buste d'airain.

Oui, je vous aime ainsi, race robuste et forte,

1 Il existe, près de Marseille, une bourgade habitée, depuis des siècles, par
une colonie de Catalans.

Patrons que chaque jour la haute mer emporte
Jusqu'aux horizons bleus, où vos filets tendus
Emprisonnent l'essaim des poissons attendus.
Assis au flanc des monts, que d'heures j'ai passées
A voir blanchir au loin vos tartanes bercées,
A suivre tour à tour leurs évolutions,
Ou le vol dans l'azur des souples alcyons !
Rien n'arrête l'essor de vos courses hardies :
Par le vent favorable aux voiles arrondies,
Dépassant de Planier la lumineuse tour,
Vous allez de la Corse explorer le contour.
Souvent même, invoquant la Vierge pour compagne,
Vous mettez sous le foc les rivages d'Espagne,
Et vous allez revoir, enfants religieux,
La chère Barcelone où dorment vos aïeux.

Puis, au retour enfin, quand l'escadrille arrive,
Vos femmes, vos enfants accourent à la rive.
Ils viennent recevoir, dans le jonc des paniers,
Le peuple bondissant de vos frais prisonniers.
Vous jetez à la fois sur la mousse et le sable
Le rouget, le pageot, l'anguille insaisissable,
La girelle, qui semble, au sortir du flot clair,
Un papillon de l'eau dépaysé dans l'air,

La langouste au long dard, dont le doigt se méfie,

La dorade au flanc d'or que son nom glorifie,

Le merlan, le thon lourd qu'on soulève à deux mains,

Et le turbot, orgueil des vieux banquets romains.

Éblouissant monceau! La grève en est couverte.

Ils sautillent longtemps sur le lit d'algue verte ;

Et l'on dirait, à voir tant de vives couleurs,

Que la mer jette au bord des guirlandes de fleurs.

Scène heureuse! tableau de naïve allégresse!

La colonie entière au rivage se presse.

Les anciens du village, invalides des eaux,

S'y traînent, inclinés comme au vent les roseaux.

Les tout petits enfants apportés par les mères,

S'élancent de leurs bras vers vous, leurs joyeux pères!

D'autres, un peu grandis, escaladent le flanc

Des tartanes, d'où pleut le filet ruisselant.

C'est un bonheur commun à toutes les familles!

C'est un commun labeur : les souriantes filles,

Pieds nus, et retroussant au genou leurs jupons,

Reçoivent les paniers qui descendent des ponts ;

Et, comme au Parthénon les vierges du Pirée

Jadis allaient portant la corbeille sacrée,

On les voit sur leur front transporter tour à tour

Ces lourds paniers dont l'algue arrose le contour.

Vous rentrez en chantant sous vos toits domestiques,
Lambris tout hérissés d'ustensiles nautiques,
Où sèchent, appendus, légumes et raisins ;
Vous saluez au mur ces gothiques dessins
Devant qui, chaque soir, ensemble on s'agenouille.
L'aïeule en cheveux blancs quitte enfin sa quenouille ;
Elle va dérouler la natte de ces lits
Qui vous donnent à terre un sommeil sans roulis.
On vous fête à l'envi dans la tribu rostrale.
Chaque toit jette à l'air sa fumée en spirale ;
Et, frères égayés par un sobre festin,
Vous rendez grâce au Dieu qui vous fit ce destin !...
Pour les vœux de l'orgueil il faudrait davantage.
Que vous importe, à vous, un plus brillant partage ?
Vous vivez là, toujours heureux, toujours unis,
Comme des passereaux satisfaits de leurs nids.
En vain notre Marseille en parure éclatante
Vous appelle : il n'est rien en elle qui vous tente.
Ses femmes à vos yeux sont même sans appas.
De vos étroits foyers votre amour ne sort pas.
Du rêve de l'hymen quand votre âme est saisie,
C'est toujours parmi vous que l'épouse est choisie :

« A d'autres, dites-vous, les sœurs de l'étranger ! »

En acceptant leur main vous croiriez déroger !

— Du monde où nous vivons parias volontaires,

Vivez toujours ainsi ; gardez vos mœurs austères.

Ressemblez d'âge en âge aux patriarches saints .

Qui, jadis au désert, s'assemblaient par essaims,

Méprisaient les faux biens que l'ignorance estime,

Vivaient de labeur simple et de repos intime,

Et ne demandaient rien, dans leur prière à Dieu,

Qu'une âme toujours pure et qu'un ciel toujours bleu !

DIX ANS APRÈS

(SUITE)

Campos ubi Troja fuit.

Un soir qu'à la clarté de l'étoile sereine

J'allais longeant la mer sur son ruban d'arène,

Ainsi, poëte ému, dans mes jeunes élans,

Ainsi je saluais les pêcheurs catalans.

Dix ans sont révolus, dix ans ! un siècle ! un rêve !

J'ai revu le hameau, c'est-à-dire la grève,

Je l'ai revue hier : hélas ! quel changement !

Pour le passant ami quel morne étonnement!

Ce n'est plus ce bercail de familles heureuses

Qui vivaient du tribut des ondes généreuses.

Plus de bruyants départs! plus de joyeux retours!

Plus de barques au bord, si sveltes de contours!

Rien, plus rien qu'une grève à jamais désolée,

Rien que des murs déserts, dont la pierre écroulée

Roule au bord, où l'oreille aujourd'hui n'entend plus

Que la plainte sans fin du flux et du reflux!

Pourquoi cet abandon? Pourquoi cette ruine?

Pensif, j'interrogeais de ma pitié chagrine

Les vieux toits crevassés et le rivage en deuil;

Je plongeais au hasard et partout un coup d'œil,

Quand une vieille femme, au pied d'un mur assise,

Fixa subitement ma paupière indécise.

Jaune de fièvre, l'œil dans l'orbite plongé,

Les cheveux où déjà le temps avait neigé,

Et de haillons épars honteusement vêtue.

De la maigre famine elle était la statue.

Par elle, j'ai tout su : j'ai su que, dès longtemps,

Un troupeau destructeur d'avides exploitants

Était venu jeter le long de nos rivages

Des filets odieux, instruments de ravages,

Et que de ces engins les criminels réseaux

Avaient stérilisé les opulentes eaux.

« Oh ! malédiction sur cette race impie,

Disait la vieille femme à mes pieds accroupie.

La misère, la faim, l'épuisement hideux,

Le blasphème et la mort, tout nous est venu d'eux.

Enfin, las de sonder, pour la seule fatigue,

Les réservoirs d'un golfe autrefois si prodigue,

Les patrons, les anciens ont dit à la tribu :

« Plus de ce désespoir ! nous en avons trop bu !

» Puisqu'enfin cette mer, pour longtemps dépeuplée,

» Ne nous donne plus rien... qu'un verre d'eau salée ;

» Puisque nos concurrents, déprédateurs des flots,

» Ont tout pris, jusqu'au germe avant qu'il fût éclos,

» Quittons ces bords, fuyons à jamais une rive

» Impuissante à nourrir sa famille adoptive.

» Cherchons ailleurs : allons voir si nous trouverons

» Le pain que Dieu promet à la sueur des fronts !

» Fils de la Catalogne, allons voir si ses côtes

» Recevront des enfants humbles comme des hôtes ;

» Et, fallût-il périr sur des rocs inconnus,

» Ne mourons pas du moins ici, fiévreux et nus ! »

Et puis, un soir d'automne, au signal tous fidèles,

Ils sont partis, oui, tous, comme un vol d'hirondelles;

Et moi, je les ai vus, du seuil de ma maison,

Voguer et dans la nuit se perdre à l'horizon.

» — Pauvre femme! pourquoi, seule, êtes-vous restée? »

Lui dis-je. Elle montra la plaine dévastée,

Et dit : « C'est que j'ai là, dans un enclos bénit,

Un cher enfant qui dort et m'attend à son nid... »

Je quittai, l'œil en pleurs, cette âme infortunée,

Et ne veux plus revoir la côte abandonnée.

O de mes jours heureux compagnons si connus,

O mes chers Catalans, qu'êtes-vous devenus?

XXII

A UNE BAIGNEUSE

Qui donc es-tu, folle étrangère,
Qui sur nos plages viens le soir,
Et dans la mer, au clair miroir,
Cours te plonger blanche et légère ?

L'écho demande d'où tu sors,
L'écho l'ignore ; — le rivage
Ne sait de toi que ton courage
Et que les grâces de ton corps.

De qui tiens-tu cette âpre flamme ?
De qui tiens-tu ce bras viril

Qui te fait braver le péril
Du vent qui souffle et de la lame ?

La côte, l'autre soir, grondait ;
L'onde accourait sous la tourmente,
Et sur la grève, au loin fumante,
Énorme, elle se répandait.

Les hommes sentaient en silence
Trembler le môle et le rocher.
Ils contemplaient, sans approcher,
L'irrésistible violence...

Tu vins ; tu vis cette fureur,
Tu dénouas soudain ta robe,
Et dans le flot qui te dérobe
Tu plongeas du front sans terreur.

Scène d'effroi ! spectacle étrange !
Tu triomphais des flots amers.
Étais-tu la reine des mers ?
De la tempête étais-tu l'ange ?

La plage admirait. — Le soleil,

Retournant à son lit de gloire,
Sur tes bras, sur tes pieds d'ivoire,
Imprimait un baiser vermeil.

Toi, tu jouais dans sa lumière ;
Dressant ta tête aux blonds cheveux,
Tu repoussais d'un bras nerveux
Les flots mêlés à ta crinière.

Dans l'écume et dans le rayon,
Tu flottais, ô nageuse insigne,
Déployant des blancheurs de cygne
Et des souplesses d'alcyon.

Et nous pensions : « Qui donc est-elle ?
Quel est cet être audacieux,
Dont la Grèce, au siècle des dieux,
Eût fait jadis une immortelle ?

» Un souffle de rébellion
A-t-il émancipé cette âme ?
Qui sait s'il reste un cœur de femme
Sous cette force de lion ?...

» Est-ce l'amour qui pourra dire
Ce qu'elle attend pour s'émouvoir,
Ce qu'il faudrait à cet œil noir
Pour se noyer dans un sourire?

» Prodigue, vient-elle à ces bords,
Les soirs où trop de vie abonde,
Jeter au vent, jeter à l'onde
Le superflu de ses trésors?

» Ou bien est-ce un cœur en démence,
De ses blessures ulcéré,
Qui revient, en désespéré,
Lutter avec la mer immense?

» Serait-ce enfin qu'ayant goûté
A mille coupes décevantes,
Elle demande aux épouvantes
Une suprême volupté?

» Que savons-nous? Passons : toute âme
A des replis fermés au jour....
Laissons ses secrets à l'amour
Et ses mystères à la femme! »

XXIII

A UNE AME INQUIÈTE

> Qui rodebant in solitudine, squa-
> lentes calamitate et miseria.
>
> JOB.

Partir! tu veux partir, enfant? cette Provence
Ne sait plus désormais, dis-tu, que t'ennuyer.
Ah! celui qui s'en va sait-il jamais d'avance
S'il doit revoir un jour son tranquille foyer?

Où va celui qui part? où va la feuille errante?
Où va le grain de sable au gré du vent moqueur?
Avant de nous quitter, jeune âme indifférente,
Écoute un souvenir qui me revient au cœur :

Il est, aux bords déserts du canal Mozambique,
Une lisière étroite aux pentes du rocher,
Un rivage sans nom, d'aspect morne et tragique,
Dont les vaisseaux en mer n'osent pas approcher.

Comme un rideau tendu la montagne l'ombrage ;
Jusqu'au niveau de l'onde, abrupte, elle descend.
Qui s'égare par là trouve à peine un passage
Entre le mur terrible et le flot menaçant.

Nul gazon ne verdoie aux flancs du rocher fauve :
Aucun ruisseau n'y pleut des fentes du granit.
Rien de vivant, sinon parfois un vautour chauve
Qui plane dans l'espace au-dessus de son nid.

Aux heures du reflux, quand se retire l'onde,
Le long des noirs écueils chevelus et rongés,
Peut-être aussi voit-on ramper le crabe immonde
Sur quelque ancien débris de vaisseaux naufragés.

Un jour, — notre corvette arrêtée à distance, —
Dans le svelte canot nous étions descendus,
Voulant toucher du pied, nous partis de la France,
Ces parages, au bout d'un continent perdus.

Sur les marges du roc jetés comme une épave,

Nous y marchions pensifs, — et tour à tour notre œil

Interrogeait le mont et le flot qui le lave,

Et le grand ciel voilé de nuages en deuil.

L'ardent soleil tombait sous la montagne aride.

Quand l'Europe est assise à son foyer d'hiver,

Là-bas règne l'été, dans sa fureur torride,

Qui lézarde la roche et met en feu la mer.

Si loin du doux pays, errants sur cette grève,

A cette heure où la chair et l'âme ont le frisson,

Nous allions, oppressés et croyant faire un rêve,

Et de nos propres voix nous étouffions le son.

A nos yeux tout à coup, sur la pierre isolée,

Au plus triste recoin du sinistre tableau,

Une image imprévue, étrange, désolée,

S'offrit : un couple humain vivant au bord de l'eau.

Farouches, demi-nus, la peau sèche et brunie,

Tous deux reposaient là, dans l'horreur de ce lieu :

Homme et femme, souffrance à la souffrance unie,

Livrés dans leur misère à la merci de Dieu !

Leur demeure auprès d'eux se dressait : humble hutte ;
Tendu sur trois roseaux, vieux haillon sans couleur
Que le vent secouait et poussait à la chute...
Les chacals au désert ont un abri meilleur.

Sur la roche un feu pâle, obscurci de fumée,
Où cuisait à l'écart je ne sais quel repas.
Pour nourrir ses tisons, l'étrangère affamée
Cherchait quelque bois mort qu'elle ne trouvait pas.

Assis sur le roc nu, l'homme, immobile et morne,
L'homme penchait son front vers ses maigres genoux.
Son œil, qui regardait à l'horizon sans borne,
A peine et froidement se détourna vers nous.

Au vêtement chétif dont leur corps s'enveloppe,
A leur front noble encor sous tant de pauvreté,
On retrouvait le sceau de la race d'Europe,
Et, dans leur dernier geste, une ancienne fierté.

Leur nom? d'où venaient-ils? quelle fortune amère
En ce désert maudit les égara tous deux?...
Voyageurs, sûmes-nous, l'Écosse était leur mère;
Mais pas un mot de plus ne fut obtenu d'eux.

Énigme dont le poids reste au cœur et l'oppresse !
Quel désir insensé, quel crime — ou quel amour
Les avaient amenés, de détresse en détresse,
Jusqu'à cet abandon suprême et sans retour ?

Jetés si loin de toi, blonde et neigeuse Écosse,
Terre des frais coteaux, des lacs, des gazons verts,
S'étaient-ils arrêtés, pour y creuser leur fosse,
A ce dernier recoin où finit l'univers ?...

Le vent soufflait, la nuit tombait du ciel immense ;
Et, tandis que la mer nous reprenait au bord,
Fragile humanité, nous songions en silence
A ce que font de toi les sombres jeux du sort !

Où va celui qui part ? où va la feuille errante ?
Tel qui monte un matin sur son vaisseau léger,
Tel qui rit à la brise, à la mer transparente,
Sur quelque roc lointain s'en ira naufrager.

Et maintenant, dis-nous, enfant qui fais ce rêve
D'aller changer sans fin de place et d'horizon,
Veux-tu toujours partir, nous laisser sur la grève ?
Veux-tu toujours quitter ta mère et ta maison ?

XXIV

A FRANTZ LISTZ

Où dort maintenant, ô mon grand artiste,
Où dort désormais ton noble instrument ?
Les jours sont passés ; hélas ! tout est triste ;
La fin ne vaut pas le commencement.

Je t'écris ce mot de la même plage
Où jadis, un soir, vers le bord du flot,
Tu faisais chanter, c'était le bel âge,
Un de ces claviers que fait Boisselot.

La mer sous nos yeux roulait aplanie,
L'onde caressait le sable des bords ;
Et toi, le front plein de ton pur génie,
Tu jetais sans fin tes divins accords.

Près de nous causaient ou rêvaient trois femmes,
Fronts aux blonds cheveux, moins longs que les tiens,
Et de temps en temps la chanson des lames
Se mêlait dans l'ombre à nos entretiens.

Où sont les beaux jours? où fuit la jeunesse?
Rome à nos bravos a su te ravir.
Ne m'apprend-on pas que tu dis la messe?
Je pars, s'il est vrai, pour te la servir!

XXV

SAN-SALVADOUR

Les rivages à pic descendent à la mer.
Leurs sommets, rafraîchis par un zéphyr amer,
Portent tout un fouillis de grands bois ou d'arbustes :
Lentisques, châtaigniers, pins verts, chênes augustes !
La nature a sculpté, le long du vieux granit,
Une corniche étroite où jase plus d'un nid.
Le vent, d'un arbre à l'autre, y berce la liane ;
L'iris y germe auprès de la valériane.
La mer brisant, au bas, le son des flots chanteurs
Arrive par moments jusques à ces hauteurs.
Le vif scintillement des ondes radieuses.
En été, frappe l'œil à travers les yeuses.

Et l'on peut voir au loin, dans le cristal qui dort,
Des îles et des caps trembler les reflets d'or.

Sur la falaise abrupte un heureux pli de terre
Se creuse, — lieu propice à quelque doux mystère.
Des pampres, des lauriers y croissent; un ruisseau,
Parmi les graviers bleus roulant son filet d'eau,
L'épanche dans la mer. — A cette mer si grande,
Humble source, qu'importe une si mince offrande?

Par là, rêveur oisif, comme je m'égarais,
Sous la roche qui penche, au recoin le plus frais,
J'aperçus un berger dormant d'un profond somme.
Il était à cet âge où l'enfant touche à l'homme,
Où le souffle du temps, le travail, la douleur,
Ont encore épargné la vie à peine en fleur.
Jamais pâtre plus beau dans sa jeunesse imberbe!
Svelte et souple, son corps ne pesait pas sur l'herbe.
Le vent et le soleil, les courses dans les bois,
Avaient bruni son front, doux et rude à la fois.
Sur son bras arrondi comme une anse d'amphore,
Sa tête reposait, sa tête humide encore,
Dont les tempes brillaient d'une moite lueur.
L'air, dans ses cheveux noirs emperlés de sueur,

Se jouait par instants; sur sa bouche vermeille,
Un sourire passait, errant comme une abeille;
Et, de quelque buisson dérobée en chemin,
Une branche glissait à demi de sa main.
Il dormait. — Près de lui, broutant les herbes fines,
Ses chèvres, aux longs poils, aux figures mutines,
Cherchaient le sel des mers, leur plus friand régal,
Allaient, venaient, grimpaient sur le roc inégal,
Une d'elles parfois égarant son caprice
Jusqu'au dernier rebord du glissant précipice.

Dans l'épaisseur de l'ombre assis paisiblement,
J'admirais cette scène heureuse : à ce moment,
Jeune et belle, apparut au détour de la route
Une femme, arrivant du bourg voisin sans doute.
Lente, elle cheminait, et son charmant regard
Sur les fleurs du sentier voltigeait au hasard.
Les cheveux dénoués, l'épaule à demi nue,
Toute seule, où tendait cette belle inconnue?
La voilà qui s'avance avec plus de lenteur;
Elle semble hésiter,... elle a vu le pasteur.
Sa joue, à son aspect, de rougeur se colore :
Approcher, s'éloigner, que faire? Elle l'ignore;
Elle approche pourtant, et d'un œil fasciné

Contemple ce front pur, dans l'ombre illuminé.

Un souffle, un rien l'émeut, ainsi qu'une gazelle.

Craint-elle son réveil... ou le désire-t-elle?

L'enfant dormait toujours au pied du vert buisson.

Enfin, de son témoin n'ayant aucun soupçon,

La belle s'enhardit, et, doucement penchée,

Prit des doigts du pasteur la branche détachée.

Cela fait, je la vis toujours du même pas,

Suivre l'étroit sentier, pensive et le front bas,

Respirant le parfum du rameau de bruyère,

Et par deux fois tournant ses beaux yeux en arrière.

Midi de ses rayons perçait l'éther en feu :

La mer étincelait jusqu'à l'horizon bleu :

Les pins, les aloès, les balsamiques plantes,

Chargeaient de leurs senteurs les brises défaillantes.

D'harmonieuses voix chantaient aux alentours :

Était-ce un de vos chants, muses des anciens jours?

Est-ce toi qui flottais sur la vague docile,

Mélodieux écho des flûtes de Sicile?

XXVI

SIMIAN

Le sombre azur des nuits n'a pas un astre d'or
Sur qui de son navire il n'eût réglé l'essor;
Les mers n'ont point de cap, d'île, de bords sauvages,
Que n'eût longés sa proue en de fréquents passages.
Le front déjà ridé par plus de soixante ans,
Il naviguait encor, vert comme au jeune temps,
Actif, brûlant d'aller, de voir, de tout connaître.
Un vaisseau n'eut jamais de meilleur contre-maître.
Il ne se sentait vieux que rentré dans le port :

« A la mer, disait-il, un homme est toujours fort.

De secrètes vertus, des charmes sont en elle

Qui vous mettent au cœur la jeunesse éternelle!

La terre use et dégrade; elle m'a toujours nui.

De bien loin je la sens... à son parfum d'ennui! »

Tel était ce vieillard, à la fois doux et rude,

Pauvre, mais sans tristesse et sans inquiétude.

Quand, au bourg de Saint-Cyr, qui fut son lieu natal,

Les gens voulaient nommer un marin sans rival,

Laborieux, robuste, et quelquefois sublime,

Ils nommaient Simian d'une voix unanime.

Après un long trajet, paraissait-il entre eux,

Tous venaient accueillir l'homme au sang généreux :

Salut au plus ancien, au meilleur des pilotes!

Attablés sous la treille, amis, compatriotes,

Fêtaient, avec un vin longtemps mis à l'écart,

Son retour que suivait de si près son départ!

Deux, trois ans quelquefois se passaient en voyage.

Voilà qu'un jour, touchant au quai de son village,

En sa vieille demeure il trouva, pauvre et seul,

Un enfant au berceau dont il était l'aïeul.

La mort n'avait, hélas! laissé d'une famille

Que cet unique enfant, rejeton de sa fille,

Qui pleurait, en un coin, voilé d'un pan de lin.

Le vieillard dans ses bras souleva l'orphelin :

« Ah! Dieu ne permet plus, dit-il, que je navigue!

Ce que n'eussent point fait le temps ni la fatigue,

Tu le fais à toi seul, enfant déjà si cher !

Par toi je suis vaincu. Mieux qu'une ancre de fer,

Désormais un berceau m'arrête et me captive.

Comment pourrais-je encor m'éloigner de la rive !

Adieu la vie errante et les mouvants destins,

Adieu les longs trajets vers les mondes lointains,

Le tillac familier, les nuits sous les étoiles ;

Adieu la liberté qui souffle dans les voiles! »

Entre les murs étroits prisonnier dès ce jour,

Il n'a plus qu'un souci, qu'un rêve, qu'un amour :

Veiller sur ce doux front, de cette chère enfance

Être le nourricier, le soutien, la défense,

Inventer mille soins avec un zèle adroit,

Couvrir l'ange endormi, la nuit, quand il fait froid.

Oui, c'est toujours ainsi : marins à rude écorce,

En vous la bonté sainte égale au moins la force.

Nul travail, nul péril n'émeut vos nerfs d'acier ;

Sous la foudre et le vent, prompts à tout défier,

Vous fûtes des lions : qu'un enfant vous réclame,
Vous vous trouvez au cœur des tendresses de femme !

La chétive maison qu'habitait le vieillard
Vers les hauteurs du bourg s'élevait à l'écart.
Là, sur le noir bahut, sur la table grossière,
En vain le temps rongeur avait mis sa poussière ;
Les mains de Simian, de propreté jaloux,
Firent tout resplendir, jusques aux moindres clous.
« Venez voir, disait-il aux femmes ses voisines,
Comment les gens de mer ont soin de leurs cabines.
Ce plancher n'a-t-il pas l'air d'un pont qui reluit ? »
Elles de s'écrier, dès le seuil du réduit,
De s'étonner surtout que, d'une âme si bonne,
Il sût porter l'enfant ainsi qu'une Madone !

Au bienfaisant rayon l'arbuste ayant grandi.
Le zèle de l'aïeul n'en fut point refroidi.
Les grâces d'un marmot, sa vigueur, sa souplesse,
Est-il amusement plus doux à la vieillesse ?
Il aimait son babil, riait de ses propos,
Se plaisait à le voir, si vermeil, si dispos,
Sur un épais gazon voisin de la bourgade,
Défier à la course un chien, son camarade. —

Afin de lui complaire, il avait acheté

Une chaloupe étroite, au flanc mal rajusté,

Qui dormait dès longtemps, vieille et hors de service.

L'ancien bateau, sous eux, reprit de l'exercice.

Assis dans leur canot, l'enfant et le vieillard

Voguaient, — à ce plaisir chacun prenant sa part.

Pour la candeur joyeuse ils semblaient du même âge.

Du métier d'autrefois retrouvant une image,

L'ancêtre souriait, et, s'y laissant bercer,

Il se disait tout bas : « Vais-je recommencer? »

Quand la mer, au matin, dans la saison sereine,

Riait, et que de l'est un vent soufflait à peine,

On mettait à la voile, on s'écartait du bord.

Marcel — c'était le nom du garçon déjà fort —

Prenait un aviron, saisissait un cordage.

L'aïeul était le maître, et lui tout l'équipage.

A midi, cherchant l'ombre, on rasait un îlot;

On mangeait un biscuit au mouvement du flot.

La pêche avait son tour. Aidé par le grand-père,

L'enfant jetait la nasse ou la ligne légère.

Dieu sait quels joyeux cris, alors qu'à l'hameçon,

Rose et tout frétillant, s'accrochait le poisson...

O les beaux soirs d'été sur la mer calme et souple!

O les· doux passe-temps goûtés par l'heureux couple !

Les mauvais jours venus, les longues nuits d'hiver,
Dans la sombre demeure ils restaient à couvert ;
Mais, .ous deux seuls, captifs sous les tuiles mouillées,
Ils savaient bien encore amuser leurs veillées.
L'aïeul à ses discours suspend le blond Marcel ;
Souvenirs à tout vol, récit universel,
Où le conteur, charmé de sa propre faconde,
Met en vivants tableaux toute la mappemonde.
Avec lui, sur son bord, il emmène l'enfant,
L'initie aux aspects des vastes mers qu'il fend ;
Il allume à ses yeux, dans les eaux des tropiques,
Des aubes, des couchants qu'il peint en traits épiques.
Aventures, combats, fêtes sous l'équateur !
Le narrateur s'exalte autant que l'auditeur.
« Il est temps de dormir, dit enfin le bonhomme ;
Les discours éternels mènent au profond somme.
— Dormez, répond l'enfant... L'esprit émerveillé,
Moi, je vais, sur mon lit, rêver tout éveillé. »

L'été, battant les eaux, leur familier théâtre,
L'hiver, se réchauffant au feu qui rougit l'âtre,
Ils connurent ainsi des temps heureux et purs.

Le bonheur, s'il existe, aime les rangs obscurs;
Volontiers il fait halte à quelque seuil modeste;
Mais rarement, hélas! Dieu permet qu'il y reste!

« D'où naissent les ennuis que je lis dans tes yeux?
Dit un soir le vieillard à l'enfant soucieux.
Qui t'a fait cette humeur solitaire et morose?
Des jours entiers, souvent, tu restes bouche close.
Ta première vigueur s'éteint; morne, abattu,
A l'écart tu t'assieds... Parle, mon fils, qu'as-tu?

» — J'ai, répondit l'enfant, les yeux tournés vers l'onde,
J'ai besoin de partir, de connaître le monde.
Ce que vous avez vu, je veux le voir aussi.
Languirai-je à passer ma vie entière ici?
Vos récits, vos tableaux si riches en merveilles,
De mes nuits désormais font de brûlantes veilles.

» — Ah! j'eus tort; vieux conteur, je fus imprévoyant!
J'aurais dû pressentir, murmura Simian,
Que ces propos sans fin, troublant une jeune âme,
Des goûts aventureux y jetteraient la flamme.
— Partir, enfant! partir! dit-il, haussant la voix;
Puis-je t'accompagner, cassé comme tu vois?

» — J'irai seul ! Dieu merci, j'ai du cœur, et suis d'âge

A pouvoir sans tutelle entreprendre un voyage.

De plus jeunes que moi s'embarquent chaque jour.

Revenu, je pourrai vous conter à mon tour

Mes courses aux pays lointains, mes découvertes.

» — Qu'oses-tu dire, enfant? Ah ! tu ne sais pas, certes,

A quels tristes hasards tu cours ainsi gaîment.

Songe au cruel métier, songe au rude élément.

Mousse, — car tu seras jeté parmi les mousses, —

Il faut gravir aux mâts ébranlés de secousses,

Courir, serrer un nœud, prendre un ris dans le foc !

Le vent redouble, il faut résister à son choc.

Alors, que de regrets ! Durant ces nuits sans terme,

Qui n'a, secrètement, pleuré la terre ferme !

Écoute mes conseils : reste, reste avec moi ;

Donne à tes faibles mains un plus facile emploi.

Il est d'heureux métiers que l'on pratique à terre :

Fais-toi berger ; choisis un bon propriétaire,

Et conduis son bétail aux prés voisins d'ici.

Un pâtre, mon enfant, a bien peu de souci.

De coteaux en coteaux, le jour, il se promène ;

Il reconduit, le soir, ses brebis au domaine,

Et, du travail rempli, content sans être las,

Il s'endort sur un sol qui ne vacille pas.

» — Non, j'ai besoin d'aller, j'en ai comme une fièvre,
Dit l'enfant, attendri, mais se mordant la lèvre.
Consentez à mes vœux, ô père bien-aimé !
Un seul voyage, un seul, je reviendrai calmé.
Si je ne satisfais une fois mon envie,
Le chagrin, je le sens, consumera ma vie.

» — Eh bien, dit le vieillard, que Dieu veille sur toi.
Va; mais ne reste pas trop longtemps loin de moi! »

Le matin du départ, l'onde sans une ride
Eût mis la confiance au cœur le plus timide.
Appareillant en mer, le vaisseau de Marcel,
Fier, dessinait ses mâts sur la moire du ciel.
Le vent soufflait de l'est, signe d'heureux présage.
Joyeux, les matelots trinquaient, suivant l'usage.
Après les longs adieux faits au triste vieillard,
Marcel gagna le bord, tremblant d'être en retard.
Des barques de pêcheurs, des canots, des chaloupes,
Encombrement du môle, au quai serraient leurs poupes.
Soudain l'agile enfant y monte, et, par élans,
De l'un à l'autre, il court sur les ponts chancelants.

O destin! c'est ainsi que tu régis le monde.

Le pied de Marcel glisse, il tombe ; l'eau profonde

Écume et se referme... Empressé d'accourir,

Un groupe de pêcheurs tend à le secourir...

Zèle impuissant : leurs cris au loin se font entendre.

Le vaisseau qui partait s'arrête pour attendre.

Simian, qui déjà regardait l'horizon,

S'étonne du tumulte et quitte sa maison. —

Ce même jour, la mer, brusquement irritée,

Vint battre de ses flots la rive tourmentée...

Le cher cadavre, hélas! enfant si pur, si beau!

Ne reparut jamais à la face de l'eau.

L'aïeul vécut six mois encore. — Sur la grève,

Il marchait, lent et morne; et, comme dans un rêve,

S'asseyait, se levait, regardant, sans la voir,

La mer, qui devant lui n'était plus qu'un trou noir.

Que le vent ou la pluie arrivât de la nue,

Il recevait la pluie ou le vent, tête nue.

En présence des flots, sur le roc découvert,

Mainte fois il passa toute une nuit d'hiver.

Nul n'approchait sans peur de ce spectre farouche !

L'ardente fièvre, enfin, le retint sur sa couche.

Sentant alors venir les suprêmes instants :

« Écoutez bien, dit-il à quelques assistants ;

Si les vœux de la mort sont pour vous choses saintes,

Dès que vous aurez clos mes paupières éteintes,

Attachez à mes pieds quelque anneau de vieux fer,

Et jetez, sans retard, mon cadavre à la mer.

Qu'il plonge au même lit où mon enfant repose :

Les cheveux blancs iront toucher la tête rose !... »

Les gens ici témoins, marins si durs ailleurs,

Vieux patrons, de leurs doigts cachaient leurs yeux en pleurs ;

Les plus hardis d'entre eux hésitaient à promettre.

« Quoi, vous me trahissez ! reprit le contre-maître.

O mes chers compagnons, promettez, ou mes os

Dans la terre enfermés n'auront pas de repos !

Promettez, ou, la nuit, le cœur froid d'épouvante,

Vous verrez se dresser mon ombre survivante !...

Au nom des lourds travaux supportés de moitié,

Au nom des souvenirs de la vieille amitié,

De tous les nœuds communs qui nous tiennent à l'âme.

Accordez au mourant le tombeau qu'il réclame !

Pour l'éternel sommeil que fait le choix du lieu ?

La mer vaut le rivage... Est-elle moins à Dieu ?... »

Il releva le front par un effort suprême :

« Consentez, ou je meurs en jetant un blasphème!... »

L'assemblée, en pleurant, d'un signe répondit ;
Et, lui mort, — il fut fait ainsi qu'il avait dit.

XXVII

COUCHER DE SOLEIL

L'horizon s'empourprait de splendeurs violettes,
L'ardent soleil d'été déclinait vers les eaux ;
Et quatre jeunes gens, nus comme des athlètes,
Descendant à la mer, y baignaient leurs chevaux.

Au milieu de ces flots dont le sel vous enivre,
Joyeux, ils s'avançaient, le vent dans les cheveux ;
Leurs yeux étaient de flamme, et des lueurs de cuivre
Jaillissaient de leurs bras et de leurs cous nerveux.

Et les hardis coursiers, la narine entr'ouverte,
Hennissaient par instants, et les souffles marins,

Arrosant leur crinière avec l'écume verte,
Mêlaient en se jouant des algues à leurs crins.

Tableau d'un ancien monde, éclatant et sauvage !
Spectacles d'autrefois, puissants et familiers !
J'admirais le beau ciel, j'admirais le rivage,
J'admirais ces chevaux et ces fiers cavaliers ;

Et, tandis que le dieu, sous les lointains portiques,
Descendait de son char à l'occident vermeil,
Je croyais, en passant, voir les tritons antiques
Baigner dans l'Océan les coursiers du Soleil !

XXVIII

CHANSONS DU SOIR

Après un jour d'été, quand la ville s'endort,
Qu'elle étouffe l'écho de ses rumeurs dernières ;
Quand les lampes du soir dans les maisons du port
S'allument, et sur l'eau projettent leurs lumières ;

Le long des quais obscurs il est doux d'écouter,
Dans cet apaisement des heures recueillies,
Les airs que les marins se prennent à chanter
D'une âme enfin rendue à ses mélancolies.

Préludant au sommeil qui s'apprête à venir,
Ce chant, dont la tristesse à temps égaux s'exhale,

Pour chaque matelot est comme un souvenir,
Comme une vision de la terre natale.

Marqué de son accent, chaque peuple a le sien :
L'Anglais un rhythme dur, mêlé de quelque ivresse,
L'Espagnol un refrain pieux, l'Italien
Des couplets que l'amour emmielle de tendresse.

Mais, entre ces accords, à mon gré le plus doux,
C'est l'air vague et plaintif, la sourde cantilène
Que les matelots grecs, hôtes fréquents chez nous,
Chantent sur leur navire, assis vers la poulaine.

Sans varier d'un son, d'où viens-tu, chant si vieux,
Héritage flottant qu'un siècle à l'autre envoie?...
Est-il vrai, matelots, que déjà vos aïeux
Le chantaient en partant pour la guerre de Troie?...

XXIX

LES BANCS DE MARBRE

Sur un de ces coteaux qui dominent la rade,
De grands et larges blocs de marbre sont couchés;
Ruines qu'en passant chaque siècle dégrade,
Et dont le vent polit les angles ébréchés.

Ces fragments, où survit la beauté des vieux âges,
Ont-ils plané jadis dans quelque saint fronton?
En face de la mer, sur nos antiques plages,
La Grèce eut-elle un temple? On le dit. — Qu'en sait-on?

Le temps, qui se complaît en ces métamorphoses,
Qui de l'autel des dieux fait un vil abreuvoir,

A fait de vos débris, marbres aux veines roses,
Des bancs, de simples bancs, où chacun peut s'asseoir.

Voisins de la cité qui s'étend au rivage,
De ses plus vieux marins ils sont le rendez-vous.
Là viennent chaque jour, fidèles à l'usage,
Ceux à qui la vieillesse a fait des jours plus doux.

Fronts caducs, cheveux blancs, épaules affaissées,
Les uns mornes, ceux-là causant à demi-voix,
Ils sont là, côte à côte, — ainsi qu'aux portes Scées
Les vieillards d'Ilion rassemblés autrefois.

Ils y viennent surtout en novembre, en décembre,
Quand brillent les soleils qu'aime un sang refroidi,
Quand au pâle tison de son humide chambre
L'homme indigent préfère un rayon de midi.

A tous ces vétérans qui furent des athlètes,
A ces souffre-douleurs du vent et de la mer,
A ces lutteurs brisés, meurtris par les tempêtes,
Le spectacle des eaux reste encor le plus cher.

Ils aiment à les voir bercer, molles et douces,

L'essaim des goëlands, leurs hôtes familiers,
Et sur le môle usé, vert d'algues et de mousses,
Suspendre leur écume en festons réguliers.

Du navire qui passe ils jugent la manœuvre :
« Fin voilier, disent-ils, conduit par un bon chef. »
Au pavillon qui flotte, ondoyante couleuvre,
Ils savent à quel peuple appartient chaque nef.

Puis, que de souvenirs, de récits, d'odyssées !
Chacun d'eux fit vingt fois le tour de l'univers.
Que d'histoires sans fin, toujours recommencées,
Au soleil d'autrefois réchauffent leurs hivers !

Tel de ces braves gens connut la renommée :
Paul Évrard, timonier comme on n'en revoit plus,
Seul, dans un ouragan, sur sa poupe entamée,
D'un désastre imminent sauva *le Romulus*.

Ton nom, Toussaint Deschamps, n'est pas moins populaire :
Quand l'Anglais au commerce interdisait les eaux,
Que de fois on te vit, audacieux corsaire,
Fondre, la hache au poing, sur ses plus forts vaisseaux !

Les mers n'ont pas d'écueils, les plages pas de ville,
Que Faure, ancien gabier, n'ait connus en passant.
Il partit, il revint avec Dumont d'Urville ;
Voir ! cette passion lui consumait le sang.

A Germain Lepradier demandez son histoire.
« Dans une île du Sud par l'ouragan jeté,
Je fus roi, dira-t-il, d'une peuplade noire,
Et, par elle, en dédain je pris la royauté. »

Salut à celui-ci, qui, de son coin modeste,
A l'horizon de brume attache un long regard!
Privé d'un bras, la croix orne son humble veste.
Que fut-il? On répond : « Enseigne à Trafalgar! »

De ces hommes, si fiers aux jours des forces neuves,
De tous ces voyageurs, de tous ces combattants,
De tant de cœurs d'acier trempés dans mille épreuves,
Qu'avez-vous fait, hélas! ô rudes mains du temps?

Vous les avez flétris, comme l'hiver les arbres ;
Vous les avez frappés, criblés de coups mortels;
Vous les avez assis, tristes, parmi ces marbres,
Fantômes de héros sur des débris d'autels!

A la tiède chaleur qu'un ciel d'automne épanche,
Chaque jour ils sont là, grelottant sous nos murs;
Au vent qui, tour à tour, frappe une tête blanche,
Achevant de tomber comme des fruits trop mûrs.

Vêtus de haillons bruns, ils rêvent, immobiles,
Presque tous indigents après tant de travaux :
Eux, par qui l'opulence abonde dans nos villes,
Eux, par qui notre gloire a volé sur les eaux !

De leurs mornes ennuis rien ne vient les distraire,
Si ce n'est cette rade au spectacle mouvant,
Une barque qui lutte avec le vent contraire,
Du nord ou de l'aurore une voile arrivant.

Ils parlent de la mer, ils parlent de la France;
A leur double tendresse ils reviennent toujours;
Le lien le plus fort n'est-il pas la souffrance
Pour attacher au cœur d'éternelles amours !

ÉPILOGUE

« O vents, disaient les flots, quand nous laisserez-vous

Dormir à notre gré d'un sommeil large et doux?

    Trêve à la fin, trêve d'orages !

Laissez-nous refléter dans notre clair miroir

Les matins rayonnants, les nuits belles à voir,

    Et les merveilles de nos plages.

» — O flots, disaient les vents, pour vous aucun repos,

Aucune trêve !... Allez ainsi que des troupeaux

    Que le bâton du berger chasse.

Roulez tumultueux, bouillonnants, hérissés ;

Et, dans votre miroir terni, réfléchissez

    L'ouragan qui passe et repasse !

» Ce n'est pas pour croupir comme de lourds étangs
Que la main du Très-Haut, à l'aurore des temps,
    Vous amoncela dans l'abîme :
L'éternel mouvement, telle est la grande loi,
Que Dieu fit pour la mer; — qu'il fit aussi pour toi,
    Humanité non moins sublime ! »

FIN DES POEMES DE LA MER

DEUXIÈME PARTIE

PENDANT

QUE

LES MOISSONS MURISSENT

TROISIÈME PARTIE

PENDANT

QUE

LES ARBRES S'EFFEUILLENT

ÉPITRES RUSTIQUES

PARIS. — J. CLAYE, IMPRIMEUR, 7, RUE SAINT-BENOIT. — [1427]

PARIS. — J. CLAYE, IMPRIMEUR, 7, RUE SAINT-BENOIT. [60]

www.ingramcontent.com/pod-product-compliance
Lightning Source LLC
Chambersburg PA
CBHW050749030726
47505CB00002B/472